AF662219

झोंपड़ी से राष्ट्रपति भवन तक

झोंपड़ी से राष्ट्रपति भवन तक

पूर्व राष्ट्रपति अब्दुल कलाम का जीवन व उपलब्धियाँ

महेन्द्र कुलश्रेष्ठ

राजपाल

स्थापित 1912
100 वर्षों की
श्रेष्ठ प्रकाशन परम्परा
राजपाल

₹ 185

ISBN : 9789350640234

JHONPADI SE RASHTRAPATI BHAWAN TAK

(Biography of President Abdul Kalam) by Mahendra Kulshreshtha

मुद्रक : जी.एस. ऑफसेट, दिल्ली

राजपाल एण्ड सन्ज़

1590, मदरसा रोड, कश्मीरी गेट, दिल्ली–110006

फोन : 011–23869812, 23865483, 23867791

website : www.rajpalpublishing.com

e-mail : sales@rajpalpublishing.com

www.facebook.com/rajpalandsons

दो शब्द

राष्ट्रपति डॉ. कलाम के संबंध में यह छोटी पुस्तक लिखने के कई कारण हैं—और सभी को मैं विशेष मानता हूँ। पहला तो यही कि वे जिस तेजी के साथ देश को विकसित तथा शक्तिशाली बनाने का मिशन लेकर भारतीय आकाश में उदित हुए, वह चमत्कारी होने के साथ-साथ देश की सर्वोपरि आवश्यकताओं का उत्तर प्रस्तुत करता है। दूसरे, जिस विलक्षण ढंग से उन्होंने अपने कार्य की शुरुआत की है, उसे 'अनुपम' ही कहा जा सकता है—ऐसा राष्ट्राध्यक्ष भारत में तो कभी हुआ नहीं, बाहर भी शायद न हुआ हो। उन्हीं की भाषा को उधार लेकर कहें तो यह ईश्वर की ही प्रेरणा से हो रहा है—जिस पर वे अत्यन्त विश्वास करते हैं।

एक कारण यह है कि उन पर यद्यपि बहुत कुछ छपा है, जिसमें काफी-कुछ उन्होंने स्वयं भी लिखा है, और दूसरों द्वारा सम्पादित कुछ बेकार भी है, परंतु ऐसी कोई पुस्तक सामने नहीं आई है जिसमें संक्षेप में, सरल शब्दों में, 'फोकस' के साथ उनके जीवन तथा मिशन की सभी बातें रखी गयी हों। जीवन में तो उनके ज्यादा कुछ है भी नहीं, उनका कार्य उच्च विज्ञान से संबंधित होने के कारण पढ़ने में कठिनाइयाँ प्रस्तुत करता है—हम भारतीयों की मानसिकता विज्ञान से दूर है—डी.आर.डी.ओ., एस.एल.वी. आदि पारिभाषिक शब्द बार-बार उपस्थित होकर समझने में उलझनें पैदा करते हैं।

इसी के साथ उनका मिशन और कार्ययोजना सिर्फ पढ़ने के लिए नहीं है, काम करने के लिए भी, या ही, है। हम भारतीय इन्हें आसानी से समझ सकें और इनके अनुसार कार्य कर सकें, इसलिए इन्हें सूत्रों की तरह स्पष्ट

करके प्रस्तुत किया गया है। टाइप भी बड़ा इस्तेमाल किया गया है।

डॉ. कलाम ने हमारे समाज, मानसिकता, प्रशासन, विधि-विधान सभी की कमियों को भी जगह-जगह रेखांकित किया है। इनका विशेष महत्त्व है। इन्हें चुन-चुनकर प्रस्तुत किया गया है जिससे ये हमारी मार्गदर्शिका बन सकें।

अंग्रेज़ी में कहूँ तो इसे मैं सामान्य भारतीय की 'हैंडबुक ऑफ डॉ. कलाम एण्ड हिज़ मिशन' कहना चाहूँगा।

अंतिम कारण 'राजपाल एण्ड सन्ज़' के स्वामी श्री विश्वनाथ रहे जिन्होंने पीछे पड़कर यह काम करवा ही लिया। 84 वर्ष की दीर्घायु में एक तरह से इस राष्ट्रीय महायज्ञ के प्रति यह उनकी भी विनम्र श्रद्धांजलि है।

—लेखक

"धर्म राष्ट्र से ऊपर नहीं है। किसी भी धर्म या व्यक्ति को राष्ट्र की अस्मिता से खेलने नहीं दिया जाना चाहिए।

•

"यदि धर्मों का शक्तीकरण किया जाए तो वे प्रखर आध्यात्मिक चेतना जगाकर विश्व में शान्ति स्थापित कर सकते हैं।"

—डॉ. अब्दुल कलाम

अनुक्रम

मेरी कहानी

"मेरी कहानी जैनुल आबदीन के बेटे की कहानी है जो रामेश्वरम् की मस्जिद वाली गली में सौ साल से ज्यादा तक रहे और अपना शरीर छोड़ा। यह उस किशोर की कहानी है जिसने अपने भाई की मदद के लिए अखबार बेचे। यह कहानी शिव सुब्रह्मण्यम् अय्यर और अयादुरै सोलोमन के शिष्य की कहानी है। यह उस छात्र की कहानी है जिसे पनदलाई जैसे शिक्षकों ने पढ़ाया। उस यह इंजीनियर की कहानी है जिसे एम.जी.के.मेनन ने उठाया और प्रो. साराभाई जैसी हस्ती ने तैयार किया, और एक ऐसे टीम के नेता की कहानी है जिसे बड़ी संख्या में विलक्षण व समर्पित वैज्ञानिकों का समर्थन मिलता रहा।

"यह छोटी सी कहानी मेरे जीवन के साथ खत्म हो जाएगी। मेरे पास न धन है, न सम्पत्ति, न मैंने कुछ इकट्ठा किया, न ऐसा कुछ बनाया जो शानदार हो, ऐतिहासिक हो, आलीशान हो। मैंने अपने पास कुछ नहीं रखा है—न मेरा परिवार है, न बेटी-बेटा। मेरे परदादा अबु पकिर और पिता जैनुल आबदीन की पीढ़ी अब्दुल कलाम के साथ खत्म हो जाएगी—परंतु उस सार्वभौम ईश्वर की कृपा इस पुण्यभूमि पर कभी खत्म नहीं होगी।

"मैं नहीं चाहता कि मैं दूसरों के लिए कोई उदाहरण बनूँ। लेकिन मुझे विश्वास है कि कुछ लोग मेरी जीवन-कहानी से प्रेरणा जरूर ले सकेंगे और अपने जीवन में सन्तुलन लाकर वह सन्तोष प्राप्त कर सकेंगे जो केवल आत्मा के जीवन में ही पाया जा सकता है।"

अब्दुल कलाम

झोंपड़ी से राष्ट्रपति भवन तक

1

अनुपम राष्ट्रपति

विश्व में अमेरिका ही अकेला ऐसा देश है जहाँ झोपड़ी से ऊपर उठकर सर्वोच्च पदों तथा अपार धनी व्यक्तियों की श्रेणी तक पहुँचने वाले लोगों की परम्परा रही है। अब्राहम लिंकन, जॉर्ज वाशिंगटन, एंड्रयू कारनेगी तथा हेनरी फोर्ड जैसे लोगों ने अपने विशिष्ट क्षेत्रों में चमत्कारी रूप से यश तथा धन कमाकर एक ही शताब्दी में न केवल अपने नए बसते हुए देश को उन्नति के चरम शिखर पर पहुँचा दिया बल्कि अपनी क्षमता द्वारा संसार को आश्चर्यचकित कर दिया। यही नहीं, इन लोगों ने अप्रतिम उद्योग के द्वारा जो विपुल सम्पत्ति अर्जित की, उसका अधिकांश और कई दफा पूरा सौ प्रतिशत सेवा-कार्यों के लिए दान भी कर दिया—जिनमें कारनेगी, फोर्ड, येल (इसने मद्रास में जेवरों के व्यापार से अपार सम्पत्ति अर्जित की और उसे कठिनाई से चल रहे एक कालेज को दान कर दिया जो अब येल विश्वविद्यालय के नाम से विख्यात है), फोर्ड, राकफेलर इत्यादि आज भी अपनी महान संस्थाओं के द्वारा संसार का हित साधन कर रहे हैं।

भारतीय संस्कृति पुरानी होने पर भी यहाँ ऐसी परम्पराओं का अभाव रहा है। परन्तु झोपड़ी से राष्ट्रपति भवन तक पहुँचने और पद पर आसीन होने के तुरन्त पश्चात् भारत की युवा पीढ़ी को संस्कारित करने के अपने जीवनोद्देश्य में जी-जान से जुट जाने के डॉ. अब्दुल कलाम के उदाहरण से यह परम्परा टूटती-सी दिखाई दे रही है। वे अपने उच्चतम पद का विचार किए बिना न केवल युवकों बल्कि छोटे-छोटे बच्चों से भी जिस प्रकार उत्साहपूर्वक मिलते और उन्हें अपने जीवनोद्देश्य की परिभाषा करने तथा

उसे प्राप्त करने का उद्योग करने की प्रेरणा देते दिखाई दे रहे हैं, वह आश्चर्यजनक है। भारत ही नहीं, दुनिया भर में ऐसा कभी नहीं हुआ। यही नहीं, वे अपने कार्यकाल के प्रथम वर्ष में ही देश-भर का दौरा कर चुके हैं और शासकीय नियमों को तोड़कर भी जो उचित समझते हैं, वही करना आरम्भ कर देते हैं। स्वयं वैज्ञानिक तथा शस्त्र-विशेषज्ञ होने के कारण वे सरकारी अधिकारियों को भी प्रोफेसर की तरह मानचित्र इत्यादि की सहायता से समझाते घंटों व्यतीत करते हैं। आश्चर्य नहीं कि उनको देखने तथा उनकी बातें सुनने के लिए देश-भर में लोगों की भीड़ उमड़-उमड़ पड़ती है और आवश्यक होने पर घंटों बिना शिकायत किये उनकी प्रतीक्षा भी करती है।

भारत-रत्न राष्ट्रपति डॉ.ए.पी.जे. अब्दुल कलाम जैसा राष्ट्रपति देश में अभी तक कोई नहीं हुआ है। वे अपनी मिसाल आप हैं। उनका जीवन सभी दृष्टियों से अनुपम है। यहाँ हम उनके विलक्षण प्रतिभाशाली जीवन की उन विशेषताओं पर प्रकाश डालेंगे जो अनुकरणीय हैं।

15 जून 2002 से पहले किसी ने सोचा भी न होगा कि भारत के प्रसिद्ध न्यूक्लियर वैज्ञानिक डॉ. अब्दुल कलाम एक महीने बाद देश के सर्वोच्च पद पर आसीन होकर भारत के राष्ट्रपति बनेंगे। परन्तु राजनीति की उठापटक के कारण जैसे ही प्रधानमन्त्री की ओर से इस नाम का प्रस्ताव किया गया, देश का जन-जन प्रसन्नता से भर उठा और सर्वसम्मति से उनका समर्थन करने के लिए खड़ा हो गया।

किसने यह सोचा होगा कि दक्षिण भारत के प्रसिद्ध मन्दिरों के नगर रामेश्वरम् की एक छोटी सी गली की एक साधारण झोपड़ी से निकला नाविक परिवार का एक गरीब बालक, जो अखबार बेचकर अपना गुजारा चलाता था, वैज्ञानिक बनने की अपनी इच्छा और दृढ़ इच्छा-शक्ति के सहारे किसी प्रकार क्रमशः अपनी शिक्षा पूरी कर शस्त्र-निर्माण के क्षेत्र में उन्नति करता हुआ एक दिन भारत की राजधानी में प्रधानमन्त्री का वैज्ञानिक सलाहकार बन जाएगा, प्रथम भारतीय परमाणु बम के निर्माण और विस्फोट में सफलता प्राप्त करेगा, और अनेक प्रकार के अग्नि-अस्त्रों का निर्माण करके देश भर

में ऐसी अमर कीर्ति अर्जित करेगा कि राष्ट्र के इस सर्वोच्च पद के लिए समूचा देश उसी का सबसे योग्य व्यक्ति के रूप में—क्षमा करें, उसके मुसलमान होने के बावजूद—निश्चिंत होकर वरण करेगा।

डॉ. अब्दुल कलाम का जीवन सचमुच एक विलक्षण उपलब्धि और चमत्कार है—एक ऐसा महान चमत्कार जिस पर विश्वास करना आसान नहीं है। वे धर्म से यद्यपि मुसलमान हैं परन्तु जिस देश के वे निवासी हैं वह धर्म-निरपेक्ष सेकुलर देश है—भारत—जहाँ अनेक धर्मों के निवासी न केवल बसते हैं बल्कि जहाँ प्राचीन युगों में विदेशों से भगाये गए धर्मों के लोगों को भी शरण तथा पूरे नागरिक की हैसियत प्रदान की गई है; जहाँ किसी प्रकार का धार्मिक भेदभाव स्वीकार नहीं किया जाता बशर्ते नागरिक देश के प्रति वफादार रहे, उसे अपनी पूरी निष्ठा प्रदान करे। ऐसे देश संसार में कम ही हैं और इसी कारण भारत का विश्व में विशेष स्थान तथा महत्व है। डॉ. अब्दुल कलाम को कुरान शरीफ के साथ-साथ भगवद्गीता से भी लगाव है। वे शाकाहारी हैं क्योंकि वे अपना पेट भरने के लिए जीवों को मारना पसन्द नहीं करते। कहा जा सकता है कि आचरण में वे बौद्ध हैं। उनके मित्र उन्हें अब्दुल कलाम 'अय्यर' कहते हैं—यानी अय्यर ब्राह्मणों की तरह कट्टर। उन्होंने देश की रक्षा सुदृढ़ करने के लिए परमाणु बम बनाया, अन्य हथियार भी बनाए। उनकी निश्चित मान्यता है—

"शक्ति, शक्ति की ही प्रतिष्ठा करती है"

—जो भारतीय जनता पार्टी तथा उसकी आधार संस्था रा.स्व. संघ की घोषणा लगती है।

इस वाक्य को वे बार-बार दोहराते हैं और राष्ट्रपति बनने के पश्चात् भारत को समृद्ध बनाने के साथ-साथ उनका एक प्रमुख उद्देश्य देश को परम शक्तिशाली राष्ट्र बनाना भी है।

डॉ. अब्दुल कलाम सभी प्रकार से पूर्ण भारतीय हैं। उन्हें भारतीयता का आदर्श कहा जा सकता है, कहा जाना चाहिए शायद इसीलिए उन्हें

देश का प्रथम भारतीय, प्रथम नागरिक बनने का गौरव प्राप्त हुआ है। नई 21वीं शताब्दी, नई तीसरी सहस्राब्दी, में उनके नेतृत्व में भारत-सूर्य अपनी सम्पूर्ण तेजस्विता से संसार में चमकेगा। उन्होंने भारत ही नहीं, विश्व भर के लिए मानवता के एक नए आदर्श की स्थापना की है, इसी आदर्श पर चलकर भारत तथा विश्व का कल्याण है।

डॉ. अब्दुल कलाम ईश्वर के परम्-विश्वासी हैं। उनका मानना है कि ईश्वर एक है, किसी धर्म का ईश्वर अलग नहीं है और मनुष्य मात्र को उसी एक ईश्वर की आराधना करनी चाहिए।

कुछ वर्ष पहले की बात है, 'राजपाल एण्ड सन्स' ने उनकी युग-प्रवर्तक पुस्तक "भारत 2020—नवनिर्माण की रूपरेखा" प्रकाशित की। इसमें उन्होंने अगले 20 वर्षों में अर्थात सन् 2020 तक अपने देश भारत को किस प्रकार संसार के सबसे अधिक उन्नत 4-5 देशों की पंक्ति में ले जाकर खड़ा किया जा सकता है, इसका विस्तृत विवेचन किया है। राष्ट्र जीवन के प्रत्येक क्षेत्र में यह स्थिति प्राप्ति करने के लिए क्या योजनाएँ क्रियान्वित की जाएँ, ये विवरण विस्तार से पुस्तक में दिए गए हैं। उनका मानना है कि वैज्ञानिक उन्नति के द्वारा ही देश को आगे बढ़ाया जा सकता है, कोई अन्य मार्ग नहीं है।

उसी समय राजधानी दिल्ली में पुस्तक मेला लगा। हमने उनसे आग्रह किया कि वे इसमें पधारें जिससे लोग उनकी पुस्तक के साथ उन्हें भी देख सकें, उनसे बातचीत कर सकें। वे आये। दर्शकों की भीड़ लग गई। लोग उन्हें देखने और उनकी पुस्तक पर उनके हस्ताक्षर करवाने लगे।

हमने अपने अंग्रेजी प्रकाशनों का सूचीपत्र उन्हें दिया और आग्रह किया कि वे अपनी पसन्द की पुस्तकों का चुनाव कर लें। दो-तीन सेकिंडों में ही उन्होंने कुछ ऐसी पुस्तकों पर उंगली रख दी जो अध्यात्म से सम्बन्धित थीं। हम कुछ और भी पुस्तकें उन्हें भेंट करना चाहते थे परन्तु उन्होंने इनके अलावा अन्य कुछ भी स्वीकार नहीं किया।

याद आया कि एलबर्ट आइन्स्टाइन की भी ईश्वर की सत्ता में अगाध

निष्ठा थी!

भारत के भूतपूर्व प्रधानमन्त्री श्री अटल बिहारी वाजपेयी तथा राष्ट्रपति डॉ. अब्दुल कलाम में अनेक समानताएँ हैं। पहली महत्त्वपूर्ण समानता तो यही है कि दोनों आज तक कुँवारे हैं और किसी का अपना कोई घर-परिवार नहीं है। एक और समानता जिसकी ओर किसी का ध्यान नहीं गया, यह है कि वाजपेयी जी के जीवन की शुरुआत "2, अटल मार्ग, लखनऊ" से हुई जहाँ उन्होंने मासिक, साप्ताहिक और दैनिक पत्र-पत्रिकाओं के सम्पादन से जीवन का आरम्भ किया (और जहाँ इन पंक्तियों के लेखक को भी रहने का अवसर प्राप्त हुआ)। इसी प्रकार "2, मस्जिद मार्ग, रामेश्वरम्" डॉ. कलाम का पुश्तैनी घर है जहाँ उनका बचपन बीता और जहाँ रहकर उनकी आरम्भिक शिक्षा-दीक्षा हुई। उनका जीवन भी समाचार पत्रों से जुड़ा रहा, भले ही वह उन्हें बेचने का काम ही रहा हो। जो लोग मनुष्य की निगति को संख्याओं द्वारा संचालित मानते हैं, उनके लिए यह विचार और अध्ययन का विषय है। दोनों ही बिल्कुल अनपेक्षित रूप से राष्ट्र के सर्वोच्च पदों पर, जिनकी संख्या भी 2 ही है, पहुँच गए हैं।

दोनों व्यक्तियों के स्वभाव की निश्छल सरलता भी दर्शनीय है। दोनों की ईमानदारी एक समान है—दोनों ने ही अपने सगे-सम्बन्धियों तथा मित्रों पर यह स्पष्ट कर रखा है कि उनसे किसी की सिफारिश न की जाए। डॉ. कलाम के पदग्रहण समारोह के अवसर पर उनके परिवार के जो लोग भी कार्यक्रम में सम्मिलित हुए, उन सब का व्यय उन्होंने स्वयं ही वहन किया। प्रधानमन्त्री के तत्सम्बन्धी ऐसे ही व्यवहार के भी कई उदाहरण सामने आ चुके हैं। राजनीतिक क्षेत्र में आगे पहुँचे हुए लोगों के लिए, विशेषकर आज के भ्रष्टाचार से पूरी तरह डूबे हुए वातावरण में, यह महत्त्वपूर्ण बात है। कहा जा सकता है कि ईश्वर स्वयं चुन-चुनकर ऐसे व्यक्तियों को इन सर्वोच्च पदों के लिए भेज रहा है—कि वे परिवर्तन कर सकें।

एक विख्यात वैज्ञानिक का, और वह भी न्यूक्लियर वैज्ञानिक, जिसे

पोखरण परमाणु बम विस्फोट के बाद से देश में 'न्यूक्लियर बम का जनक' तथा 'मिसाइल मैन' की संज्ञा से जाना जाने लगा, जिसे अपने विविध वैज्ञानिक कार्यों के लिए दो दर्जन से अधिक डॉक्टरेट तथा एक दर्जन पुरस्कार प्राप्त हो चुके हैं, राष्ट्रपति पद पर आसीन होना आधुनिक युग के इतिहास में एक युगान्तरकारी घटना ही कही जाएगी। साथ ही डॉ. कलाम का सैद्धान्तिक रूप से शक्ति की महत्ता मानना इस परिवर्तन को और भी बल प्रदान करता है—आजतक किसी भी प्रधानमंत्री या राष्ट्रपति ने यह बात नहीं कही। स्वाधीनता-प्राप्ति के समय से ही पड़ोसी देश पाकिस्तान के साथ भारत के संघर्षपूर्ण सम्बन्ध आज भी देश की केन्द्रीय समस्या बने हुए है। कश्मीर की समस्या भी इसी व्यापक संघर्ष का एक अंग है। पाकिस्तान के साथ भारत के चार युद्ध तो हो ही चुके हैं जिनमें यद्यपि उसने कमोबेश विजय ही प्राप्त की है, परन्तु इससे उत्पन्न परिस्थितियाँ राजनीतिक हीं नहीं, आर्थिक तथा सामाजिक दृष्टियों से भी अनेक अन्तहीन समस्याओं को जन्म देने वाली सिद्ध हो रही हैं।

यदि यह मान लें कि लम्बे समय तक कांग्रेस के शासन, विशेष रूप से नेहरू जी की नीतियों के कारण, इन समस्याओं पर अंकुश लगाना सम्भव नहीं हुआ है, और अब राजग तथा वाजपेयी की सरकार ने उनको स्थायी रूप से सुलझाने का निश्चय कर लिया है, डॉ. कलाम का राष्ट्रपति बनना उसे सुदृढ़ तथा शक्तिशाली समर्थन देने वाला ही सिद्ध होगा। अमेरिका में 'ट्रेड टावर्स' पर भयंकर आतंकवादी आक्रमणों के पश्चात् अफगानिस्तान और ईराक में उसकी कार्यवाही से भी आतंकवाद-विरोध को, स्वयं मुस्लिम देशों में भी, बल प्राप्त हो रहा है जिससे भारत पाकिस्तान के आपसी झगड़े का हल निकलने की सम्भावनाएँ प्रबल हो गई हैं। प्रधानमन्त्री वाजपेयी की चीन यात्रा की सफलता भी इस क्षेत्र में भारत के हाथ मजबूत कर रही है।

2

विकास का मिशन

अपने आज तक के कार्य में डॉ. अब्दुल कलाम ने बड़े स्पष्ट शब्दों में स्वयं अपने तथा सम्पूर्ण देश के लिए एक मिशन सुनिश्चित कर दिया है : नई शताब्दी में सन् 2020 तक देश को आर्थिक, औद्योगिक, सामरिक तथा वैज्ञानिक सभी दृष्टियों से पूर्ण समर्थ बनाकर दुनिया के सबसे उन्नत 4-5 देशों के साथ खड़ा कर देना। राष्ट्रपति बनने के पश्चात् उन्होंने व्यवितगत उद्योग से तथा अपना ही धन लगाकर "डेवेलप्ड इंडिया फाउंडेशन" के नाम से एक ट्रस्ट की स्थापना भी कर दी है। एक और ट्रस्ट भी उन्होंने बनाया है। इनकी सहायता से वे स्वतन्त्र रूप से भी कार्य करने-करवाने में समर्थ होंगे।

हम भारतीयों को यह लक्ष्य आश्चर्यजनक लग सकता है परन्तु डॉ. कलाम का मानना है कि बीस वर्ष में भारत का इस सीमा तक विकास कर सकना निश्चित रूप से सम्भव है। जरा गहराई से विचार करने पर उनकी मान्यता सही लगने लगती है। जब दूसरे महायुद्ध के पश्चात् पूरी तरह नष्ट-भ्रष्ट जापान दो दशक में ही न केवल अपने पैरों पर खड़ा हो गया, बल्कि उद्योग के अनेक क्षेत्रों में अमेरिका तथा जर्मनी जैसे देशों को पछाड़कर सबसे आगे भी पहुँच गया, तो भारत के लिए भी ऐसा कुछ कर दिखाना पूरी तरह सम्भव ही मानना होगा। यही नहीं, जापान के पश्चात् उसी के नक्शे-कदम पर चलकर दक्षिण कोरिया जैसा छोटा देश भी, और उससे भी छोटा ताईवान द्वीप, दुनिया के बाजारों में अपनी धाक जमा पाने में सफल हुए हैं। दक्षिण कोरिया के सैमसुंग, एल.जी., ह्युंडे, रौनग़ुई, डेवू,

आदि कंपनियों के एक से एक उन्नत माल से भारत का बाज़ार पटा पड़ा है। इसलिए यह मानना गलत नहीं कि हम भी ऐसा ही कुछ करके दिखा सकते हैं—और इसके लिए उन्होंने देश की युवा पीढ़ी को जगाने का कार्य भी अपने हाथों में ले लिया। राष्ट्रपति बनने के बाद उन्होंने न केवल अपने राष्ट्रपति भवन में छात्र-छात्राओं के ग्रुपों को बुलाकर उनको उत्साहित करना आरम्भ कर दिया बल्कि स्वयं भी, अपने पद के प्रतिबंधक नियमों के बावजूद, स्कूलों, कालेजों, विश्वविद्यालयों में जा-जाकर उनकी सोई हुई शक्ति को फिर से उत्साहित और सचेत करने का महान कार्य करना आरम्भ कर दिया।

इससे भी महत्त्वपूर्ण एक कार्य उन्होंने यह किया कि जीवन के सभी क्षेत्रों में नवनिर्माण की पूरी रूपरेखा तैयार करके राष्ट्र के हाथों में थमा दी (यह उनकी पुस्तक 'भारत 2020—नवनिर्माण की रूपरेखा' में प्रकाशित हो चुकी है)।

डॉ. कलाम की यह योजना भाषणों का पुलिंदा नहीं है। ये खाद्य, खेती, खनिज, उद्योग, व्यापार, विज्ञान, स्वास्थ्य, अर्थ, समाज, सुरक्षा, इन्फोटेक आदि सभी पक्षों पर तथ्यों, आंकड़ों और सम्भावनाओं से भरपूर ऐसी व्यावहारिक समग्र योजनाएँ हैं जिन पर संगठित ढंग से परिश्रमपूर्वक कार्य करने से अपेक्षित परिणाम प्राप्त किए जा सकते हैं। इस योजना के निर्माण में अग्रणी विशेषज्ञों, वैज्ञानिकों, पत्रकारों, समाजसेवी संस्थाओं, प्रशासन के अधिकारियों तथा गाँवों तक के निवासियों ने भाग लिया है। देश के नवनिर्माण की यह सुविचारित सर्वोत्तम योजना है। अनेक क्षेत्रों में इसके अनुसार कार्य भी आरम्भ किया जा चुका है।

आवश्यक अब यही है कि इसे पूरी शक्ति के साथ संगठित रूप से देश-भर में क्रियान्वित किया जाए। डॉ. कलाम का राष्ट्रपति बनना इस दिशा में एक महत्वपूर्ण क़दम है।

देश के 12वें राष्ट्रपति डॉ. अब्दुल कलाम से भारतवासी सबसे बड़ी अपेक्षा यही करते हैं : वे स्वतन्त्रता-प्राप्ति के बाद हिन्दू-मुसलिम एकता के

पहले सफल निर्माता सिद्ध होंगे। यह महत्त्वपूर्ण बात है क्योंकि राष्ट्रपिता महात्मा गाँधी ने सर्वप्रथम इस क्षेत्र में कार्य किया परन्तु इसमें वे एक सीमा से अधिक सफलता नहीं प्राप्त कर सके। महात्मा गाँधी हिन्दू थे और राष्ट्र को समुन्नत करने एवं राष्ट्रीय एकता के लिए जो भी सम्भव था—शायद उससे भी अधिक उन्होंने कर दिखाया। उनके अधूरे कार्य के पूरक कदम किसी मुसलमान द्वारा ही उठाएं जाने चाहिए—इसके बिना यह राष्ट्रीय एकता अभियान अगली सीढ़ी नहीं चढ़ सकेगा। इसे पूरा करने के लिए वे सभी तरह से आदर्श व्यक्ति हैं।

सब जानते हैं कि वे कुरान शरीफ और गीता दोनों को मानते हैं और संस्कृत के उद्धरण भी देते हैं। यह पूछे जाने पर कि जीवन में आपका आदर्श चरित्र क्या है, उन्होंने तत्काल उत्तर दिया—विदुर। महाभारत के महामनस्वी विदुर दासीपुत्र थे परन्तु उन्होंने आवश्यकता पड़ने पर उच्च-पदस्थ शक्तिसम्पन्न राज्य-शासकों का विरोध करके वास्तविक धर्म की प्रतिष्ठा को अपने जीवन का उद्देश्य ही बना लिया—और महान धर्मात्मा कहलाए।

डॉ. कलाम द्वारा महात्मा विदुर का चुनाव जहाँ एक ओर उनके चुटीले चुनाव की महत्ता दर्शाता है, वहाँ दूसरी ओर हिन्दू धर्मशास्त्रों के उनके व्यापक अध्ययन को भी रेखांकित करता है।

यह महत्त्वपूर्ण है कि देश के एक प्रतिष्ठित रामेश्वर मन्दिर के प्रधान पुजारी न केवल उनके पिता तथा परिवार से जुड़े थे, उनका पुत्र विद्यार्थी कलाम का घनिष्ठ सहपाठी भी था। इस सम्बन्ध में यह घटना महत्त्वपूर्ण है कि जब एक हिन्दू अध्यापक ने हिन्दू के साथ मुस्लिम बालक के कथा में साथ बैठने पर आपत्ति की और उन दोनों को एक-दूसरे से अलग बैठने का आदेश दिया (जिस पर डॉ. कलाम ने एक कविता भी लिखी है)—इस घटना का ज्ञान होने पर मन्दिर के प्रधान पुजारी ने अध्यापक को कड़ी डाँट लगाकर फिर कभी किसी के साथ ऐसा व्यवहार न करने का आदेश दिया। भारत की हिन्दू संस्कृति का यही मूल तत्व तथा विचार है जिसे बालक कलाम ने आजीवन अपना ध्येय वाक्य बना लिया।

भारत की जनता, हिन्दू और मुसलमान दोनों ही, यह आशा तथा विश्वास करते हैं कि हिन्दू-मुस्लिम बंधुता का यह बीज अब वट वृक्ष के रूप में फल-फूल कर सारे देश को अपनी शीतल छाया में सदा के लिए शान्तिपूर्ण सहजीवन प्रदान करेगा। यह भारत के लिए ही नहीं, समूची दुनिया के लिए भी एक नया जीवनादर्श प्रस्तुत करेगा—जिसकी इक्कीसवीं शताब्दी में उसे सबसे अधिक आवश्यकता है।

डॉ. कलाम को सही ही भारतीयता भी प्रतिमूर्ति माना जाता है। उनके सम्बन्ध में दैनिक 'हिन्दुस्तान' के लोकमित्र का कहना है : 'भारतीय संस्कृति के जितने आदर्श गुण हो सकते हैं, वे सबके सब मानों उनमें कूट-कूटकर भरे हुए हैं। वे सरलमना हैं, विद्यानुरागी हैं, उनका स्वभाव ऋषिवत् है।...उनके दोस्त अगर मजाक में उन्हें दो सौ प्रतिशत हिन्दुस्तानी कहते हैं तो महज यह कोरा मजाक नहीं है बल्कि इसमें उनके समूचे व्यक्तित्व की तस्वीर छिपी है। उनमें एक साथ अनेक महानताएँ हैं; उनकी समूची जिन्दगी सफलता की एक किंवदन्ती है। लेकिन शून्य से शिखर तक पहुँचने के बाद भी उनमें अहंकार जैसी कोई चीज़ दूर-दूर तक छू भी नहीं गई।''

शून्य से आरम्भ करके भारत के शिखर राष्ट्रपति पद तक पहुँच जाने वाले मिसाइल वैज्ञानिक डॉ. अब्दुल कलाम को प्रत्येक भारतवासी 'देश की सैन्यशक्ति बढ़ाने वाले एक गौरव पुरुष के रूप में देखता है। उनके जीवन का आरम्भ आज से 71 साल पहले तमिलनाडु के दक्षिण-पश्चिम तटीय क्षेत्र धनुष्कोटि रामेश्वरम में हुआ था। यह स्थान मर्यादापुरुषोत्तम श्रीराम के श्रीलंका अभियान से सम्बन्धित है। 15 अक्टूबर 1931 को जब मस्जिद रोड के एक झोपड़ीनुमा मकान में अब्दुल कलाम का जन्म हुआ, तब भारत का स्वाधीनता युद्ध जोरों से चल रहा था। संघर्ष में कहाँ क्या हो रहा है, यह सब समाचार जानने के लिए दैनिक समाचार पत्रों का महत्व बढ़ गया था। कलाम के पिता जैनुल आब्दीन पीढ़ियों से मछलियाँ पकड़कर रोजी-रोटी कमाते थे पर अब उन्होंने अखबार बेचने का धन्धा भी अपना लिया। उनके लड़के तथा परिवार के अन्य युवा भी इस काम में लग गए। इनके अलावा

नावें बनाने का काम भी परिवार में होता था और उसमें भी ये लोग काफी निपुण थे।

धनुष्कोटि रामेश्वरम् का शिव मन्दिर भारत में बहुत प्रसिद्ध है। इसके साथ कलाम के परिवार का घनिष्ट सम्बन्ध था। कहा जाता है कि मन्दिर की प्रमुख शिव मूर्ति एक बार वहीं पर बने तालाब में गिर गई और वह इतने गहरे चली गई कि उसे निकालकर बाहर लाना सबको कठिन लगने लगा। तब कलाम परिवार के एक व्यक्ति ने ही डुबकी लगाकर मूर्ति को बाहर निकाला। इस सेवा की मन्दिर के पुजारियों ने कद्र की और यह नियम बनाया कि प्रति वर्ष मकर संक्रांति की पूजा के बाद जिन तेरह ब्राह्मणों को सबसे पहले भगवान का प्रसाद दिया जाता है, उनमें कलाम परिवार का एक व्यक्ति भी सम्मिलित होगा। यह परम्परा वर्षों तक चलती रही।

इस व्यवस्था के कारण कलाम परिवार की प्रतिष्ठा भी बढ़ी और बाद में चलकर डॉ. कलाम का व्यक्तित्व भी इससे प्रभावित हुआ। वे हिन्दू उत्सवों में भाग लेने लगे। उन्होंने रामलीला में राम-लक्ष्मण के मन्त्र बाणों को देखा जिससे उनके बाल मन में राकेट की कल्पना जाग्रत हुई। उनका अभी भी मानना है कि प्राचीन भारत के आग्नेयास्त्रों में कुछ अंश कल्पना का भले ही रहा हो, परन्तु उनमें वास्तविकता भी थी, यानी किसी न किसी रूप में उनका अस्तित्व अवश्य था।

3

मछुआरे से इंजीनियर

अब्दुल कलाम की शिक्षा-दीक्षा पूरी तरह तमिलनाडु में ही हुई। न वे शिक्षा के लिए विदेश गए और न नौकरी के लिए इंग्लैंड अथवा अमेरिका गए। वैमानिक प्रौद्योगिकी के कार्य में पूरी तरह जुड़ जाने के बाद वे छह महीने के लिए 'नासा' अवश्य गए—जिसे लेकर पश्चिमी वैज्ञानिकों ने यह कहना शुरू किया कि उन्होंने यहाँ प्राप्त ज्ञान के आधार पर ही अपना निर्माण कार्य किया।

इसके विपरीत यह भी एक महत्वपूर्ण तथ्य है कि 'नासा' के एक राकेट निर्माण केन्द्र में उन्होंने एक पेंटिंग देखी जिसमें टीपू सुलतान के सैनिकों को राकेटों की सहायता से अंग्रेजों से युद्ध करते दिखाया गया है। वे कहते हैं :

"यहाँ मैंने स्वागत कक्ष में विशेष रूप से लगाई गई एक पेंटिंग देखी। उसमें एक युद्ध के दृश्य का चित्र दिया गया था जिसकी पृष्ठभूमि में कुछ राकेट उड़ते हुए दिखाए गए थे।

"इस पर मेरी निगाहें ठहर गईं क्योंकि इसमें राकेट छोड़े जाने वाली जगह पर जो सैनिक दिखाए गए थे, वे श्वेत न होकर अश्वेत थे। ये ठीक वैसे ही थे जैसे दक्षिण एशिया में होते हैं।

"अपने प्रवास के अन्तिम दिन मैं अपनी उत्सुकता दबा न सका और मैंने निकट से पेंटिंग देखने की अनुमति चाही। मेरे आश्चर्य का ठिकाना न रहा जब मैंने पाया कि पेंटिंग में टीपू सुलतान की सेना को राकेटों की सहायता से अंग्रेजों के साथ युद्ध करते दिखाया गया है। पृथ्वी के दूसरी

ओर एक भारतीय उपलब्धि को सार्वजनिक रूप से प्रदर्शित देखकर मेरी प्रसन्नता का ठिकाना न रहा।"

डॉ. अब्दुल कलाम का जीवन और कार्य उन सब लोगों के मुँह पर एक तमाचा है जो यह मानते हैं कि विदेशी शिक्षा के बिना हमारे देश में कोई बड़े काम नहीं कर सकता। सच कहा जाए तो उनके पास विश्वविद्यालय में बाकायदा शोध करके अर्जित डाक्टरेट भी नहीं है, बल्कि स्नातक की ही दो डिगरियाँ हैं। इस कारण प्रधानमन्त्री के वैज्ञानिक सलाहकार का पदत्याग करने के बाद बंगलोर की इंडियन इंस्टीट्यूट आव साइंस ने उन्हें अपने यहाँ कार्य करने देने से इनकार कर दिया—जो इतनी महत्वपूर्ण संस्था के लिए सार्वजनिक लज्जा की बात रही और इस बात का प्रमाण बनी कि भारत में ऊँचे पाये के वैज्ञानिक अनुसंधान नहीं होते। इसके विपरीत अमेरिका में सभी क्षेत्रों में अनेक अनुसंधान और आविष्कार होने—जिस कारण उस देश को प्रतिवर्ष कई नोबेल तथा अन्य पुरस्कारों से नवाज़ा जाता है—का मूल कारण यही है कि वे दुनिया भर से ढूँढ-ढूँढ कर वैज्ञानिक तथा विद्वान सम्मानपूर्वक अपने देश के विश्वविद्यालयों में लाकर रखते हैं। खैर।

कलाम परिवार में शिक्षा का प्रचलन बिलकुल नहीं था और आधुनिक शिक्षा तो बहुत दूर की बात थी। बालक अब्दुल कलाम को शिक्षा की लगन थी और उन्होंने प्राइमरी स्कूल में दाखिला ले लिया। यहाँ की पढ़ाई पूरी करके आगे की पढ़ाई के लिए वे रामनाथपुरम् चले गए। यहाँ से श्वार्ज़ हाई स्कूल से उन्होंने मैट्रिक की परीक्षा उत्तीर्ण की।

इसके बाद वे इंटरमीडिएट की पढ़ाई के लिए पास के नगर त्रिची चले गए जहाँ सेण्ट जोसेफ कालेज में दाखिला लिया। वे नम्बरों की दृष्टि से कोई विशेष अच्छे छात्र नहीं थे—हाँ, पास होते चले जाते थे। यहाँ उन्हें भौतिकी में विशेष रुचि उत्पन्न हुई, यद्यपि अंग्रेजी साहित्य का भी उन्होंने कुछ अध्ययन किया। उन्होंने ब्रह्मांड और खगोलीय पिंडों के बारे में अधिक

से अधिक जानकारी प्राप्त करने का प्रयत्न किया और अणुशक्ति के रहस्यों में भी प्रवेश पाने की चेष्टा की। यहाँ से उन्होंने बी.एस-सी. की परीक्षा उत्तीर्ण की।

शिक्षा के सम्बन्ध में अब्दुल कलाम को सलाह देने वाला कोई न था। भौतिकी में डिग्री लेने के बाद उन्होंने महसूस किया कि यह उनका विषय नहीं है, उन्हें तो इंजीनियरिंग की पढ़ाई करनी थी। इसके लिए तो वे इन्टर के बाद ही एम.आई.टी. --मद्रास इंस्टीट्यूट आव टेक्नोलॉजी--में प्रवेश ले सकते थे; यानी उनके दो साल बेकार ही बरबाद हुए।

एम.आई.टी. उन दिनों इंजीनियरिंग की शिक्षा के लिए दक्षिण भारत का सर्वश्रेष्ठ संस्थान था। उन्होंने यहाँ दाखिला भी ले लिया पर खर्चे के लिए पैसा कहाँ से लाया जाए! इसके लिए करीब एक हजार रु. की जरूरत थी जो उस जमाने में बड़ी रकम थी। उनकी बड़ी बहन ज़ोहरा ने अपने ज़ेवर गिरवी रखकर यह पैसा जुटाया। इस संस्थान में दो विमान थे जो कल-पुर्जों का अध्ययन करने के लिए वहाँ रखे गए थे। अब्दुल कलाम को इनमें बहुत रुचि उत्पन्न हुई और वे घंटों उनके पास बैठे रहकर उनका अध्ययन करते रहते। एक साल पूरा करने के बाद उन्हें अगले साल के लिए कोई विशेष विषय चुनना था--तो उन्होंने वैमानिकी अर्थात् ऐरोनॉटिकल इंजीनियरिंग विषय ही चुना। अब उनके जीवन की दिशा निश्चित हो गई।

एरोनॉटिकल इंजीनियरिंग में डिग्री प्राप्त करके अब्दुल कलाम व्यावहारिक प्रशिक्षण प्राप्त करने के उद्देश्य से बंगलौर के सुप्रसिद्ध हिन्दुस्तान ऐरोनाटिक्स लिमिटेड में चले गए। यहाँ रहकर उन्होंने इंजनों की मरम्मत करने से लेकर छड़ और क्रेंकशाफ्ट की जाँच करने और उन्हें जोड़ने का काम सीखा, सुपर इंजनों पर लगे पंखों पर काम किया, प्रणोदक इंजनों के बारे में पूरी जानकारी प्राप्त की। इसी बीच उन्होंने 'आइए, खुद अपना विमान बनाएँ' विषय पर तमिल में एक लेख लिखा और प्रतियोगिता में प्रथम पुरस्कार प्राप्त किया।

अब वे बाकायदा क्षेत्र में उतरकर कार्य करने के लिए तैयार थे।

विमान इंजीनियरिंग का डिप्लोमा लेकर--जिसमें उन्होंने प्रथम श्रेणी

प्राप्त की थी—अब्दुल कलाम नौकरी के मैदान में आ खड़े हुए। यह उनके लिए चुनाव का एक कठिन अवसर था और उन दिनों इस क्षेत्र में इंजीनियर कम होने के कारण विदेशों में उनकी बहुत माँग थी। विदेशों में नौकरी करने का अर्थ था अधिक धन कमाना परन्तु इससे उनकी देश के लिए काम करने की इच्छा पूरी न होती। धन मनुष्य-जीवन का एक महत्वपूर्ण अंग होता है, इसलिए इसकी भी अवहेलना नहीं की जा सकती, लेकिन अब्दुल कलाम ने इस लोभ पर नियन्त्रण करके देश में ही कार्य करने का निश्चय किया।

उनके सामने तत्काल दो विकल्प थे। एक अवसर भारतीय वायुसेना में था, दूसरा, भारत सरकार के रक्षा मन्त्रालय में। उन्होंने दोनों में आवेदन पत्र भेज दिया और दोनों से इन्टरव्यू के पत्र भी प्राप्त हो गए। पहला इन्टरव्यू देहरादून में और दूसरा दिल्ली में होना था। वे दोनों में भाग लेने के लिए दिल्ली पहुँचे। अपने जन्म-प्रदेश से बाहर यह उनकी पहली यात्रा थी। दिल्ली आकर उन्होंने डिपार्टमेन्ट आव टैक्नॉलोजी डेवलपमेन्ट एण्ड प्रोडक्शन (एयर), रक्षा विभाग, में इन्टरव्यू दिया। इसके बाद वायुसेना में इन्टरव्यू देने देहरादून चले गए। यहाँ पच्चीस उम्मीदवारों में से आठ का चुनाव होना था, और अब्दुल कलाम नवें नम्बर पर आए, इसलिए उनका चुनाव न हो सका।

उन्हें इन्टरव्यू में पिछड़ जाने का बहुत दुख हुआ लेकिन इसे ही ईश्वर भी इच्छा मानकर वे शान्त हो गए। उस समय के प्रसिद्ध स्वामी शिवानन्द से उन्होंने भेंट की जिनके, नियति पर विश्वास रखने के परामर्श ने उन्हें धीरज बंधाया। दिल्ली वापस लौटकर उन्होंने इन्टरव्यू के परिणाम की जानकारी ली तो उन्हें नियुक्ति पत्र ही थमा दिया गया। वे रु. 250 के मासिक वेतन पर वरिष्ठ वैज्ञानिक सहायक बन गए।

यह सन् 1958 था। रक्षा मन्त्रालय में अब्दुल कलाम के कार्यजीवन भी शुरुआत अच्छी रही। उन्हें तकनीकी केन्द्र (उड्डयन) में लगाया गया। आर. बरदराजन उनके आफिसर इन्चार्ज थे। उनके अधीन एक पराध्वनिक लक्ष्यभेदी विमान का डिजाइन तैयार करना अब्दुल कलाम की पहली सफलता थी। संस्थान के निदेशक ने इसकी प्रशंसा की। इससे अब्दुल कलाम का

आत्मविश्वास कई गुना बढ़ गया।

इसके बाद विमानों की देखभाल का अनुभव प्राप्त करने उन्हें कानपुर के एयरक्राफ्ट एण्ड आर्मामेन्ट टेस्टिंग यूनिट भेजा गया। यहाँ उन दिनों एम.के–1 विमान के परीक्षण का काम चल रहा था। इसमें भी उन्होंने भाग लिया।

जब वे दिल्ली लौटे, उनके संस्थान में 'डार्ट' नामक लक्ष्यभेदी के डिजायन का कार्य आरम्भ हो रहा था। कार्यटीम में अब्दुल कलाम का भी नाम था। उन्होंने इस कार्य का अध्ययन करके डिजायन तैयार किया। इसी के साथ ऊर्ध्वाधर उड़ान भरने और विमान उतारने के प्लेटफार्म को भी विकसित किया। वे हॉट काकपिट के विकास और निर्माण में भी जुड़े। इस प्रकार उन्होंने विविध क्षेत्रों में निर्माण की अपनी योग्यता को प्रमाणित किया।

तीन साल गुजर गए।

इसी समय बंगलौर में एयरोनॉटिकल डेवलपमेन्ट इन्स्टीट्यूट की स्थापना की गई। यहाँ कार्य करने के लिए प्रतिभावान वैज्ञानिकों की आवश्कता थी। अब्दुल कलाम को यहाँ कार्य करने के लिए चुन लिया गया। यह नई संस्था थी और इसके कार्यक्रमों को भी परिभाषित तथा विकसित किया जाना था। क्या योजना हाथ में ली जाए, यह सोचते हुए अब्दुल कलाम ने एक स्वदेशी हॉवरक्रैफ्ट बनाने का निश्चय किया। यह हवा में बहुत ऊपर न जाकर नीचे ही धीरे-धीरे मंडरानेवाला एक छोटा विमान होता है। भारत की जरूरतों के लिए अब तक विदेशी हॉवरक्रैफ्टों का आयात किया जाता था।

संस्थान के अधिकारियों को भी हॉवरक्रैफ्ट बनाने का यह विचार पसन्द आया और अब्दुल कलाम के नेतृत्व में चार सदस्यों की एक टीम नियुक्त कर दी गई। काम पूरा करने के लिए उन्हें तीन साल का समय दिया गया।

सभी दृष्टियों से यह एक बड़ा कार्य था। अब्दुल कलाम सहित किसी को भी न कोई विमान या मशीन ही बनाने का अनुभव प्राप्त था और न कोई कल-पुर्जे ही उपलब्ध थे। इसलिए आरम्भ में तो निराशा ही उत्पन्न

हुई लेकिन शीघ्र ही यह लगा कि यह काम किया जा सकता है। सबसे पहले ड्राइंग बोर्ड पर कई महीने डिजायन का काम किया गया, फिर स्वयं ही हार्डवेयर बनाने का कार्य आरम्भ कर दिया गया।

उन दिनों वी.के. कृष्ण मेनन रक्षा मन्त्री थे। उन्होंने इस परियोजना में रुचि लेना आरम्भ किया। वे इसे रक्षा उपकरणों के क्षेत्र में स्वदेशी के आरम्भ के रूप में देखते थे। वे जब भी बंगलौर आते, इसकी प्रगति की जानकारी प्राप्त करते। वे टीम के वैज्ञानिकों का उत्साह भी बढ़ाते। परन्तु संस्थान के अधिकारी स्वयं इसे ज्यादा महत्व नहीं देते थे। वे टीम के लोगों को सनकी वैज्ञानिक मानकर उनका मजाक भी उड़ाते थे और टीम के नेता होने के कारण अब्दुल कलाम को ही सबसे ज्यादा मार सहनी पड़ती थी। उन्हें 'देहाती वैज्ञानिक' का खिताब दिया गया था।

एक साल बाद कृष्ण मेनन फिर बंगलौर आए और संस्थान में भी गए। वे हॉवरक्रैफ्ट की कार्यशाला में भी गए जहाँ इसका माडल रखा हुआ था। उन्होंने जानना चाहा कि क्या यह अगले वर्ष परीक्षण उड़ान में शामिल हो सकता है। उन्होंने अनेक सवाल भी किए और स्वयं ही कहा, 'यह संभव हो सकता है।'

भगवान शिव के वाहन के नाम पर विमान को 'नंदी' नाम दिया गया था। रक्षा मन्त्री ने इस पर उड़ान भरने की इच्छा व्यक्त की। अब क्या था, अब्दुल कलाम की प्रसन्नता का ठिकाना न रहा। वे विमान उड़ाने को तैयार हो गए, परन्तु मन्त्री जी के साथ आए ग्रुप कैप्टेन गोले को डर लगा कि कहीं कुछ दुर्घटना न हो जाए। उन्होंने कलाम के स्थान पर स्वयं विमान उड़ाने की बात कही परन्तु कलाम इसके लिए तैयार न हुए और मन्त्रीजी ने भी उन्हें अपना समर्थन दिया।

विमान उड़ा और उड़ान पूरी करके नीचे उतर आया। यह अब्दुल कलाम के जीवन भी पहली बड़ी सफलता थी। कृष्ण मेनन ने कहा कि इससे भी शक्तिशाली विमान तैयार करो, और उसकी भी उड़ान के लिए मैं दूसरी बार आऊँगा।

परन्तु जैसा सरकारी योजनाओं में अक्सर होता है, इस प्रारम्भिक

सफलता के बाद सरकार ने हॉवरक्रैफ्ट के निर्माण की योजनाओं को ठंडे बस्ते में डाल दिया। रक्षा मन्त्री कृष्ण मेनन ने भी अपना पद छोड़ दिया और अब्दुल कलाम निराशा के गर्त में डूब गए।

लेकिन इस सफलता ने एक दूसरे ही ढंग से उनकी सहायता की तथा इससे भी महत्वपूर्ण क्षेत्र में उनके लिए द्वार खोला। एक दिन संस्थान के निदेशक ने उन्हें बुलाकर हॉवरक्रैफ्ट के विषय में पूछताछ की। अब्दुल कलाम ने उन्हें बताया कि यह बिल्कुल ठीक है और इसे कभी भी उड़ाया जा सकता है। तब उन्हें अगले सप्ताह एक विशेष व्यक्ति के सामने इसका प्रदर्शन करने के लिए तैयार रहने को कहा गया। वे विशेष व्यक्ति कौन थे, यह नहीं बताया गया।

ये विशेष व्यक्ति थे टाटा इन्स्टीट्यूट आफ फंडामेन्टल रिसर्च के निदेशक प्रो. एम.जी.के. मेनन। मौलिक अनुसंधान के क्षेत्र में यह संस्थान देश का सबसे महत्वपूर्ण संस्थान था, आज भी है। प्रो. मेनन आए और हॉवरक्रैफ्ट देखकर बहुत प्रसन्न हुए। उन्होंने इसके सम्बन्ध में कई सवाल भी पूछे, फिर इस पर सवारी करने की इच्छा व्यक्त की। अब्दुल कलाम के लिए यह परीक्षा का समय था। उन्होंने प्रो. मेनन को करीब दस मिनट तक सवारी कराई। इसके बाद प्रो. मेनन वापस चले गए।

एक सप्ताह बाद अब्दुल कलाम को इंडियन कमेटी फॉर स्पेस रिसर्च की ओर से इन्टरव्यू का निमन्त्रण प्राप्त हुआ। उन्हें एक राकेट इंजीनियर की जरूरत थी। अब्दुल कलाम इन्टरव्यू के लिए बम्बई पहुँचे। उनके मन में गीता के शब्द गूँज रहे थे—शान्तचित्त रहकर अपना कर्तव्य करो।

इन्टरव्यू लेने वाले थे उस समय के अग्रणी वैज्ञानिक डॉ. विक्रम साराभाई—उनके साथ प्रो. मेनन भी थे। इन्टरव्यू कठिन नहीं था—डॉ. साराभाई ने व्यक्ति के रूप में अब्दुल कलाम की परख अधिक की, कि वे चुनौती भरे काम के कितने सफल नेता सिद्ध हो सकते हैं। दूसरे दिन उन्हें नियुक्ति पत्र दे दिया गया।

4

अन्तरिक्ष अनुसन्धान

अब अन्तरिक्ष अनुसन्धान का एक बिल्कुल नया अध्याय इंजीनियर अब्दुल कलाम के जीवन में शुरू हुआ—जो दरअसल भारत के लिए भी एक बिल्कुल नई शुरुआत थी। एक वर्ष पूर्व भारतीय अन्तरिक्ष अनुसंधान समिति ने केरल के थुम्बा नामक गाँव में एक रॉकेट प्रक्षेपण केन्द्र के निर्माण का फैसला किया था। सुदूर दक्षिण के एक बिल्कुल अनजाने गाँव में यह केन्द्र स्थापित करने का फैसला इसलिए लिया गया क्योंकि यह स्थान पृथ्वी के चुम्बकीय अक्ष से सबसे ज्यादा करीब है। इसके लिए 600 एकड़ भूमि की आवश्यकता थी। जो स्थान चुना गया उसमें मैगडेलीन का गिरजाघर है—और यद्यपि किसी धार्मिक स्थान का अधिग्रहण बहुत कठिन होता है लेकिन त्रिवेंद्रम के मुख्य पादरी ने इस कार्य में कोई भी अड़चन नहीं डाली और सभी प्रकार से सहयोग तथा आशीर्वाद भी प्रदान किया।

चर्च के प्रार्थना कक्ष में अब्दुल कलाम ने अपनी प्रयोगशाला बनाई; पादरी के कमरे में अपना दफ्तर स्थापित किया। किसी वैज्ञानिक कार्य में धर्म की सीधी सहायता का यह अनुकरणीय उदाहरण है। यहाँ कार्य करते हुए अब्दुल कलाम को हर समय परमात्मा की उपस्थिति की प्रतीति होती रहती थी। अब केन्द्र के अपने भवन बन गए हैं और यहाँ इंडियन स्पेस म्यूज़ियम बना दिया गया है।

भारतीय अन्तरिक्ष अनुसन्धान समिति में आते ही अब्दुल कलाम को सर्वप्रथम कम्प्यूटर का प्रशिक्षण प्रदान किया गया था। अब उन्हें रॉकेट प्रक्षेपण की तकनीकियों का प्रशिक्षण लेने के लिए अमेरिका की विश्वविख्यात

अनुसंधान संस्था 'नासा' भेजा गया। यहाँ उन्हें छः महीने रहना था। उनके लिए विदेश जाने का यह पहला अवसर था। यह खबर सुनकर उनके पिताजी बहुत प्रसन्न हुए और विशेष नमाज़ के लिए उन्हें मस्जिद ले गए। इससे भी उन्हें बड़ी शक्ति प्राप्त हुई। अमेरिका जाने के लिए अब्दुल कलाम के परिवार वालों ने मुम्बई हवाई अड्डे पर जाकर उन्हें विदा किया।

अन्तरिक्ष अनुसन्धान के क्षेत्र में 'नासा' दुनिया की सबसे बड़ी संस्था है। इसके कार्य के लिए अमेरिकी सरकार प्रतिवर्ष खरबों डालर का बजट देती है और संस्थान के सभी कार्य अनेक स्थानों से चुपचाप चलाए जाते हैं। इंजीनियर अब्दुल कलाम का कार्य वर्जीनिया राज्य के हैम्पटन शहर के पास स्थिर लैंगले रिसर्च सैंटर से आरम्भ हुआ। यह 'नासा' का प्राथमिक शोध केन्द्र है। यहाँ कार्य करने के बाद अब्दुल कलाम मेरीलैंड राज्य के ग्रीनबैल्ट-स्थित गॉडर्ड स्पेस फ्लाईट सैंटर चले गए। यहाँ उपग्रहों के विकास और निर्माण का कार्य होता है। इसके बाद वे फिर वर्जीनिया में ही स्थित वैलप फ्लाईट फैसिलिटी गए जो प्रदेश के पूर्वी तट पर वैलप द्वीप में स्थित है। 'नासा' के कार्यों का यही प्रमुख केन्द्र है।

इस केन्द्र में उन्हें टीपू सुलतान के सिपाहियों की पेंटिंग देखने को मिली। उन्हें बताया गया कि टीपू सुल्तान के सिपाही अंग्रेज सेना के विरुद्ध रॉकेटों से हमला कर रहे हैं। दुनिया के दूसरे छोर पर रॉकेट अनुसंधान की सबसे बड़ी प्रयोगशाला में उनके देश की एक उपलब्धि को प्रेरणा प्रदान करने के लिए प्रदर्शित किया गया था। इससे यह भी सिद्ध होता था कि टीपू सुल्तान ने अपने समय में ही ऐसे रॉकेटों का आविष्कार कर लिया था जिनका प्रयोग आमने-सामने की लड़ाइयों में किया जा सकता था। आज के उन्नत, विविध प्रकार के मिसाइल उन्हीं रॉकेटों की सन्तान हैं।

टीपू सुल्तान के रॉकेटों की कहानी बड़ी आश्चर्यजनक है हालाँकि यह किसी को ज्ञात नहीं है। मैसूर के शासक टीपू सुल्तान ने लड़ाइयों में अंग्रेजों के छक्के छुड़ा दिए थे और इसका कारण मुख्यतः उसके रॉकेट ही थे। सन् 1799 में जब वह युद्ध में मारा गया तो अंग्रेजों ने उसकी सेना से 700

राकेट पकड़े थे। उस समय के लिए, जब रॉकेट का नाम भी कोई नहीं जानता था, यह संख्या बहुत बड़ी थी। यही नहीं, 900 से अधिक रॉकेटों के निर्माण की तैयारियाँ भी सामने आई थीं। टीपू की सेना में 25 से अधिक ब्रिगेड थे और हर ब्रिगेड में एक रॉकेट कंपनी थी। अंग्रेजों ने ये सब रॉकेट इंग्लैण्ड भेज दिए थे। भारत के इतिहास की पुस्तकों में इन तथ्यों का उल्लेख प्रायः नहीं मिलता।

इसके बाद की पूरी उन्नीसवीं शताब्दी में दुनिया में रॉकेटों पर कोई काम नहीं हुआ। 20वीं शताब्दी के आरम्भ में रूस, अमेरिका और जर्मनी में इन पर फिर कार्य किया गया। द्वितीय महायुद्ध में जर्मनी ने इनका इस्तेमाल किया। युद्ध में जर्मनी की पराजय के बाद जर्मन रॉकेट इंजीनियर अमेरिका और रूस चले गए जहाँ यह कार्य और आगे बढ़ाया गया।

'नासा' में अपना प्रशिक्षण पूरा करके सन् 1963 के अन्त में अब्दुल कलाम भारत लौट आए। 21 नवम्बर के दिन भारत का पहला 'नाईक अपाची' नामक रॉकेट, जो 'नासा' में ही बना था, थुम्बा से छोड़ा गया। उसी चर्च में रॉकेट के उपकरण एक दूसरे से जोड़कर उसे पूरा रूप दिया गया, फिर एक साधारण से ट्रक पर लादकर प्रक्षेपण-स्थल तक ले जाया गया। परन्तु जिस क्रेन से इसे उठाकर लांचर पर प्रेक्षपण के लिए स्थापित करना था, उसमें इसी समय कुछ खराबी आ गई। उसने ऊपर उठने के बजाय नीचे की तरफ झुकना शुरू कर दिया।

अब क्या किया जाए? रॉकेट छोड़े जाने का समय पास आता जा रहा था और क्रेन की मरम्मत नहीं की जा सकती थी। अब्दुल कलाम ने साथियों से मिलकर स्वयं ही रॉकेट को अपने कन्धों पर उठा लिया और लांचर पर स्थापित कर दिया।

इंजीनियर अब्दुल कलाम ही इस रॉकेट-प्रक्षेपण के प्रमुख थे। रॉकेट बिना किसी कठिनाई के बिल्कुल सही समय पर आसमान में ऊपर उठने लगा। इसकी उड़ान के सभी आंकड़े बहुत अच्छे रहे और अब उन्हें अपनी क्षमता पर पूरा भरोसा भी हो गया।

प्रक्षेपण के दूसरे ही दिन प्रो. साराभाई ने भविष्य की योजनाओं पर विचार करने के लिए उन्हें बुलाया। 'नाईक अपाची' की सफलता के कारण वे भी उत्साहित थे और इसके अगले कदम के रूप में वे भारत का अपना उपग्रह प्रक्षेपण यान बनाना चाहते थे। उन्होंने वैज्ञानिकों के इस दल को अपनी योजना बताई। इसी के साथ उन्होंने अब्दुल कलाम को एक अन्य योजना, सैनिक विमान के लिए रॉकेट की मदद से उड़ान भरने की प्रणाली, का भी अध्ययन करने को कहा। ये दोनों ही योजनाएँ बहुत महत्वपूर्ण थीं और इनके लिए गहरे अध्ययन, प्रयोग तथा परिश्रम की आवश्यकता थी।

जिस स्थल से भारत का पहला रॉकेट प्रक्षेपित किया गया था, उसे नियमित रॉकेट लॉन्च स्टेशन के रूप में विकसित कर दिया गया। इस कार्य में अमेरिका, सोवियत रूस तथा फ्रांस की सहायता ली गई। अब प्रो. साराभाई ने इससे भी आगे बढ़कर रॉकेट विकास के अन्य कार्यों पर भी ध्यान देना आरम्भ किया। उन्होंने अहमदाबाद में भी भौतिक अनुसंधान प्रयोगशाला की स्थापना की तथा इन दोनों केन्द्रों पर रॉकेट ईंधन, प्रणोदन प्रणालियाँ, रॉकेट मोटर इन्स्ट्रुमेंटेशन, टेलीमीटरी, ट्रेकिंग प्रणालियाँ तथा अन्तरिक्ष में प्रयोग करने के उद्देश्य से वैज्ञानिक उपकरणों के विकास आदि के अनेक बड़े-बड़े कार्यक्रम आरम्भ किए। यह प्रो. साराभाई की ही योग्यता थी कि उन्होंने बहुत कम समय में इतने विशाल कार्यक्रमों का आरम्भ कर दिया और इनके लिए एक से एक बढ़कर वैज्ञानिक भी नियुक्त कर दिए।

अब सही मायनों में भारतीय अन्तरिक्ष कार्यक्रम की शुरुआत हुई। सबसे पहले एक साउंडिंग रॉकेट बनाया गया जिसका नाम 'रोहिणी' रखा गया। यह रॉकेट पृथ्वी के चारों तरफ ऊपर वायुमंडल में घूम-फिरकर वातावरण का पता लगाने का कार्य करता है। इसमें आवश्यकता के अनुरूप अनेक प्रकार के वैज्ञानिक उपकरण लगे होते हैं—जिन्हें सामान्य भाषा में 'पे-लोड्स' कहा जाता है।

इन उपकरणों अथवा पे-लोड्स को उनकी कक्षा में स्थापित करना होता है—लेकिन यह कार्य सादा रॉकेट नहीं कर सकते। इस कार्य के लिए प्रक्षेपण

यान (एस.एल.वी.–सैटेलाइट लांचिंग व्हाइकिल) तैयार किया जाता है जो एक कठिन कार्य है। उपग्रह की कक्षा में प्रस्थापित करने के लिए अनेक प्रकार की जटिल नियन्त्रण प्रणालियों की आवश्यकता होती है।

इनके अलावा मिसाइल एक अलग श्रेणी के यन्त्र होते हैं जो और भी ज्यादा जटिल तकनीकियों से बनाए जाते हैं। मिसाइलों की मुख्य योग्यता यह होती है कि वे अपने लक्ष्य पर बिल्कुल सही मार कर सकें जो आसान कार्य नहीं है। स्थिर लक्ष्य पर मार करना फिर भी आसान है लेकिन चलते हुए लक्ष्य, जैसे विमान, टैंक इत्यादि पर सही मार कर पाना बहुत कठिन होता है। शीघ्र ही साउंडिंग रॉकेटों के विकास में गति आई और अनेक प्रकार की नियन्त्रण प्रणालियाँ विकसित की गईं। इन रॉकेटों की एक पूरी श्रेणी ही बना ली गई जिनके द्वारा अनेक प्रकार के वैज्ञानिक अध्ययन किए गए तथा आज भी किए जा रहे हैं। विभिन्न अध्ययनों के लिए आज तक सैकड़ों रॉकेट बनाए और अन्तरिक्ष में छोड़े जा चुके हैं।

रॉकेटों के साथ इन केन्द्रों में प्रणोदन (ऊपर की दिशा में गति देने वाले) इंजिनों का कार्यक्रम आरम्भ किया गया। देश में ही बहुत ऊँची क्षमता वाले प्रणोदकों का तकनीकी विकास किया गया। इनका ईंधन बनाने के लिए एक अलग संस्थान बना दिया गया, और प्रणोदकों का निर्माण करने के लिए रॉकेट प्रोपेलेंट प्लांट की स्वतन्त्र स्थापना की गई। इस प्रकार रॉकेट निर्माण तथा प्रणोदन के सभी अंगों पर एक साथ काम शुरू कर दिया गया।

अब रॉकेटों के निर्माण पर बाकायदा काम आरंभ हो गया। इन वर्षों में जो भारतीय रॉकेट तैयार किए और छोड़े गए, इनके नाम थे–"रोहिणी" और "मेनका"। पौराणिक पात्रों के नामों पर ही रॉकेटों तथा अन्य उपकरणों के नाम रखने की परम्परा आरम्भ की गई। अब तक भारतीय पे-लोड फ्रांस के रॉकेटों से छोड़े जाते थे परन्तु अब हमारे अपने रॉकेट बन जाने के कारण उन्हें अपने ही रॉकेटों से छोड़ना आरम्भ किया गया। यह सभी दृष्टियों से एक महत्वपूर्ण उपलब्धि थी जिसका श्रेय इंजीनियर अब्दुल कलाम के नेतृत्व में उनकी टीम को जाता है। योजना प्रो. साराभाई की होती थी और उनके प्रेरणादायी मार्गदर्शन के अन्तर्गत वे लोग उत्साहपूर्वक कार्य करते थे।

20 नवम्बर 1967 को 'रोहिणी' रॉकेट छोड़ा गया। इसमें 32 किलोग्राम की प्रणोदन मोटर लगी थी और इस पर 7 किलोग्राम का पे-लोड 10 किलोमीटर की ऊँचाई पर स्थापित करने के लिए लगाया गया। दूसरे रॉकेट में दो प्रणोदन मोटरें लगाई गईं और इसमें 100 किलोग्राम वजन के अनेक पे-लोड लगे थे—हर पे-लोड अलग-अलग प्रयोगों के लिए लगाया गया था—जिन्हें साढ़े तीन सौ किलोमीटर की ऊँचाई पर स्थापित किया गया। पहले रॉकेट की तुलना में यह प्रगति बहुत बड़ी थी।

दूसरा महत्वपूर्ण कार्यक्रम भारतीय राटो इंजनों के निर्माण का था। इसके लिए प्रो. साराभाई ने अब्दुल कलाम को विशेष भेंट के लिए दिल्ली बुलाया। उन्हें अशोक होटल में सवेरे साढ़े तीन बजे मिलने का समय दिया गया—यह प्रो. साराभाई की अपार व्यस्तता के कारण था। अब्दुल कलाम रात होते ही होटल पहुँच गए और लॉबी में बैठकर इन्तजार करने लगे। आधी रात के बाद एक अन्य व्यक्ति भी वहीं आकर बैठ गया। उसे भी अब्दुल कलाम के साथ मिलने के लिए बुलाया गया था।

ये दूसरे व्यक्ति वायुसेना कार्यालय से आए ग्रुप कैप्टन नारायणन थे। प्रो. साराभाई ने दोनों को कॉफी पिलाई और कॉफी खत्म होते ही उठ खड़े हुए। वे दोनों को अपने साथ होटल से 30 किलोमीटर दूर तिलपत रेंज ले गए जहाँ रूस से लाई गई राटो मोटर लगी थी। मोटर दिखाकर उन्होंने पूछा—"मैं आपको रूस से ऐसी कुछ मोटरें ला दूँ तो क्या आप उन जैसी भारतीय मोटरें डेढ साल में तैयार कर सकते हैं?"

उत्तर में दोनों ने ही एक साथ कहा—"हाँ, कर सकते हैं।"

प्रो. साराभाई का चेहरा चमकने लगा। इसके बाद तीनों वापस होटल लौट आए। सवेरा हो चला था। प्रो. साराभाई, प्रधानमन्त्री इंदिरा गाँधी से मिलने उनकी कोठी पर चले गए और उन्हें यह सूचना दी। शाम तक इस परियोजना की घोषणा कर दी गई जो दूसरे दिन समाचार पत्रों में प्रमुखता से प्रकाशित हुई।

इंजीनियर अब्दुल कलाम के उत्साह का ठिकाना न था। वे अपने साथी

सहित योजना को कार्यरूप देने में जी-जान से जुट गए।

राटो मोटर एक विशेष प्रकार की अत्यधिक शक्तिशाली मोटर होती है जिसे कठिनाई उपस्थित होने पर, अथवा कठिन परिस्थितियों में उड़ान भरने पर, विमानों में लगाया जाता है जिससे अधिक ऊर्जा तथा नियन्त्रण प्राप्त करके विमान आसानी से ऊपर उठ सके और उड़ते हुए अपना कार्य सफलतापूर्वक कर सके। वायुसेना के लिए राटो मोटरों की बहुत आवश्यकता होती है क्योंकि उन्हें बमबारी से खराब हुई पट्टियों पर उड़ना पड़ता है, या बहुत ज्यादा ऊँचाई पर बने वायुसेना क्षेत्रों में कार्य करना पड़ता है, या बहुत ज्यादा भार उठाने के लिए बाध्य होना पड़ता है, या बहुत ज्यादा तापमानों में कार्य करना पड़ता है। रूस की बनी राटो मोटर का वजन सवा दो सौ किलोग्राम था, यह तीन हजार किलोग्राम भार को साढ़े चौबीस हजार किलोमीटर प्रति सेकेंड की गति से ऊपर फेंक सकती थी तथा इसमें दोहरे प्रणोदन की व्यवस्था थी।

स्वदेशी राटो मोटर के विकास और निर्माण का कार्य स्पेस साइंस एण्ड टेक्नालॉजी सेंटर में करना निश्चित हुआ तथा रक्षा विभाग तथा वायुसेना की सभी संस्थाएँ इसकी सहायता कर रही थीं। वैज्ञानिक उपकरण किन धातुओं अथवा उनके मिश्रणों से बनाए जाएँ, यह निश्चय बहुत महत्वपूर्ण होता है। मोटरों में कौन सा ईंधन लगाया जाए, यह भी महत्व की बात है। इंजीनियर अब्दुल कलाम ने अनेक विकल्पों का अध्ययन करके धातु के रूप में फाइबर ग्लास तथा ईंधन के रूप में कम्पोज़िट प्रोपेलेंट के विकल्प चुने। इनके प्रयोग से उनका लम्बे समय तक उपयोग किया जा सकता था तथा सुरक्षा भी अधिक मिलती थी।

राटो का निर्माण करने के साथ-साथ दो अन्य कार्य भी आरम्भ किए गए। पहला था—अन्तरिक्ष अनुसंधान के क्षेत्र में क्या-क्या किया जा सकता है और क्या-क्या करना चाहिए, इस विषय पर एक रूपरेखा जारी की गई। यह रूपरेखा बहुत महत्वाकांक्षी थी और इसमें जहाँ एक ओर टेलीविजन द्वारा शिक्षा के विकास, मौसम विज्ञान सम्बन्धी प्रयोग और प्राकृतिक संसाधनों की खोज तथा विकास के लिए उपग्रहों के उपयोग की योजनाएँ

शामिल थीं, वहाँ दूसरी ओर हल्के उपग्रहों को पृथ्वी की कक्षा में स्थापित करने के लिए सैटेलाइट लांचिंग व्हाइकिल (एस.एल.वी.) के निर्माण की बात भी कही गई थी। साथ ही इन सबके भीतर लगाए जाने वाले उपकरणों, जैसे बूस्टर मोटर, ऊर्जा पैनल और मोमेंटम-व्हील आदि पर भी कार्य करने को महत्व दिया गया था। यह एक बहुत बड़ा सपना था जिसे प्रो. साराभाई जैसे दूरदर्शी और कार्यक्षम वैज्ञानिक ही देख सकते थे। यह रूपरेखा अध्ययन और विचार के उद्देश्य से सभी सम्बन्धित वैज्ञानिकों को वितरित की गई।

दूसरी महत्वपूर्ण बात यह हुई कि रक्षा विभाग में तरह-तरह की मिसाइलों का विकास और निर्माण करने के लिए एक विशेष पैनेल गठित किया गया जिसमें इंजीनियर अब्दुल कलाम और ग्रुप कैप्टन नारायणन भी थे। अपने देश में मिसाइलें बनाने का यह विचार बहुत प्रेरक विचार था और एक बिल्कुल नया निश्चय करके भारतीय वैज्ञानिक इस कार्य में लग गए।

यह कार्य भली-भांति सम्पन्न करने के लिए इंजीनियर कलाम ने दुनिया भर की मिसाइलों तथा उन पर उपलब्ध साहित्य का अध्ययन करना आरम्भ किया। ये दोनों ही इनके लिए बिल्कुल नए काम थे परन्तु उनके भीतर निहित योग्यता तथा क्षमता को परख कर ही प्रो. साराभाई ने उन्हें इस काम में लगाया था। उन्होंने जिस लगन से यह कार्य कर दिखाया, उसके कारण कुछ ही वर्षों में उन्हें 'मिसाइल मैन' के नाम से ही जाना जाने लगा।

मिसाइलें कई प्रकार की होती हैं। कुछ मिसाइलें जमीन पर बने भवनों इत्यादि को निशाना बनाती हैं, कुछ उड़ते या चलते हुए यन्त्रों को बेधने का काम करती हैं तथा कुछ युद्ध को प्रभावित करने के लिए विविध प्रकार के कार्य करती हैं। कुछ मिसाइलें थोड़ी दूरी तक यानी सैकड़ों किलोमीटर तक और कुछ लम्बी दूरी या कई हजार किलोमीटर की दूरी तक वार करती हैं। इस समय इन सब विकास कार्यक्रमों में विदेशों से आयातित उपकरणों का ही इस्तेमाल किया जाता था। योजनाओं के लिए बाहर से मँगाने के लिए कलपुर्जों की एक लम्बी सूची तैयार की गई—क्योंकि भारत में कुछ भी उपलब्ध नहीं था।

यह देखकर इंजीनियर कलाम को बड़ा धक्का लगा। उन्होंने यह भी

सोचा कि विदेशों से आयातित ये कलपुर्जे बहुत मंहगे भी होते हैं, इसलिए यदि उन्हें भी देश में ही बनाने की व्यवस्था की जा सके तो न केवल बचत भी बहुत होगी, इन्हें विदेशों में बेचकर पैसा भी कमाया जा सकेगा।

राटो के विकास की योजना इतनी तेजी से चली कि डेढ़ साल के बजाय उसे एक ही साल में तैयार कर लिया गया। इसके एक के बाद एक 64 परीक्षण किए गए। इस सफलता से सभी बहुत प्रसन्न हुए।

अब उपग्रह प्रक्षेपण यान के विकास और निर्माण का कार्य आरम्भ हुआ। एस.एल.वी. का कार्य अभी तक के अन्य कार्यों से ज्यादा कठिन था इसलिए इसमें हाथ लगाने से पहले अनेक अन्य कार्य सम्पन्न किए गए। पहला था—इंडियन रॉकेट सोसायटी नामक संस्था का गठन जिससे इस विषय से सम्बन्धित सभी व्यक्तियों को विचार विमर्श इत्यादि के लिए एक स्थान पर जोड़ा जा सके। दूसरा था—रक्षा मन्त्रालय के अन्तर्गत कार्य कर रही अनेक संस्थाओं का पुनर्गठन करके परमाणु ऊर्जा विभाग के अधीन कार्य करने के लिए 'इसरो' यानी भारतीय अन्तरिक्ष अनुसन्धान संगठन का गठन। योजना के चार चरण थे। प्रत्येक चरण के लिए एक-एक वैज्ञानिक को अलग से जिम्मेदारी सौंपी गई, तथा चौथे चरण का डिजाइन तैयार करने की जिम्मेदारी इंजीनियर अब्दुल कलाम को दी गई। चौथे चरण का काम यान का एक संयुक्त ढांचा तैयार करना था जिसमें अनेक बिल्कुल नए कार्य किए जाने थे।

इनकी सहायता के लिए स्वयं प्रो. साराभाई तो आते ही थे, उन्होंने फ्रांस के एक इंजीनियर को भी—जो अपने देश में इसी प्रकार के एक प्रक्षेपण यान पर काम कर रहे थे—भारत बुलाया। वे इंजीनियर कलाम के काम करने के ढंग से इतने प्रसन्न हुए कि उन्होंने अपने फ्रेंच यान के चौथे चरण में भी उन्हें सहयोग देने के लिए निमन्त्रित किया। संयुक्त ढांचा निर्धारित से कम समय में ही बनकर तैयार हो गया। इसे साढे तीन सौ किलोग्राम से बढ़ाकर छः सौ किलोग्राम का बनाया गया और इसका व्यारा भी डेढ़ गुना कर दिया गया। लेकिन यह योजना पूरी होते ही फ्रेंच यान के निर्माण की योजना रद्द कर दी गई। इंजीनियर कलाम को इस बात का बहुत दुख हुआ

कि उन्हें फ्रेंच योजना पर कार्य करने का अवसर नहीं मिला। इधर इस भारतीय यान का चौथा चरण तो पूरा हो गया परन्तु पहले तीन चरणों का कार्य पूरा नहीं हो सका—उनमें पाँच साल और लगने थे।

थुम्बा में प्रक्षेपण यान के सभी हिस्सों को तैयार करने की क्षमता विकसित की जा चुकी थी। सन् 1968 में प्रो. साराभाई थुम्बा गए और उन्होंने वहाँ चल रहे कार्य का निरीक्षण किया। उन्हें रॉकेट के सामने के भाग को विस्फोट द्वारा समूचे ढांचे से अलग करने की प्रणाली का प्रदर्शन करके दिखाया जाना था। उनसे अनुरोध किया गया कि वे बटन दबाकर इसकी शुरूआत करें।

बटन दबाया गया लेकिन मशीन नहीं चली। कुछ देर के लिए इंजीनियर कलाम तथा उनके वैज्ञानिक साथी अवाक् रह गए लेकिन उन्होंने शीघ्र ही प्रणाली में कुछ परिवर्तन करके उसे चला दिया। प्रो. साराभाई होटल चले गए और रात को इंजीनियर कलाम को बातचीत के लिए बुलवाया। कलाम घबराए हुए थे लेकिन उनकी धारणा सही नहीं निकली। इस घटना का प्रो. साराभाई पर कुछ दूसरा ही प्रभाव पड़ा था। उनका विचार यह बना कि पूरे कार्य को सुचारु रूप से चलाने के लिए रॉकेट इंजीनियरिंग का एक अलग उपविभाग बनाना जरूरी है। इस बातचीत के परिणामस्वरूप रॉकेट इंजीनियरिंग प्रयोगशाला बनाई गई।

30 दिसम्बर 1971 को दिल का दौरा पड़ने से अचानक प्रो. साराभाई का देहान्त हो गया। यह एक अप्रत्याशित घटना थी और इसे सुनकर सभी हक्के-बक्के रह गए। इंजीनियर कलाम को इसी दिन त्रिवेंद्रम में उनसे मिलना भी था।

प्रो. साराभाई के बाद प्रो. सतीश धवन 'इसरो' के अध्यक्ष बनाए गए। थुम्बा में चल रही सभी कार्यवाहियों को इकट्ठा करके वहाँ एक सम्पूर्ण अन्तरिक्ष केन्द्र बनाया गया जिसे विक्रम साराभाई स्पेस सेंटर का नाम दिया गया। डॉ. ब्रह्मप्रकाश इसके पहले निदेशक बने।

एस.एल.वी. निर्माण का काम बहुत बड़ा था और अनेक स्थानों पर

इसका कार्य चल रहा था। इसको नियन्त्रित करने के लिए विचार किया गया कि सभी केन्द्रों के कार्यों तथा उनमें लगे व्यक्तियों में सामंजस्य बिठाने के उद्देश्य से किसी एक व्यक्ति की नियुक्ति की जाए। इस कार्य के लिए प्रो. धवन ने उन्हें चुना और उन्हें सम्पूर्ण एस.एल.वी. परियोजना का प्रबन्धक नियुक्त किया गया। इस निर्णय से उन्हें आश्चर्य के साथ उलझन भी इस बात को सोचकर हुई कि एक से एक बढ़कर योग्य वैज्ञानिकों को सही ढंग से चलाने का कार्य वे कैसे कर सकेंगे। परन्तु डॉ. ब्रह्मप्रकाश ने उनका साहस बढ़ाया और विश्वास व्यक्त किया कि वे इसमें पूरी तरह सफल होंगे।

एस.एल.वी. की समग्र योजना 64 महीने के भीतर पूरी करने का निर्णय लिया गया। इंजीनियर कलाम ने तीन वर्गों में पूरे काम को विभाजित किया। पहला–प्रबन्धन का कार्य, दूसरा–प्लांट परीक्षण का कार्य, तथा तीसरा–उपप्रणालियाँ विकसित करने का कार्य। तीनों के अलग-अलग कार्य दल बनाकर उनके नेता नियुक्त कर दिए गए। इंजीनियर कलाम ने सारी योजना को चलाने के लिए 275 इंजीनियरों और वैज्ञानिकों की माँग की लेकिन उन्हें केवल 50 व्यक्ति ही दिए गए। फिर भी वे काम में लगे रहे। अब इंजीनियर कलाम ने और अधिक योजना तथा परिश्रमपूर्वक कार्य करना शुरू किया। वे तड़के सवेरे ही उठ जाते और घूमने निकल पड़ते। घूमते समय वे अपना दिन का सारा कार्यक्रम तय कर लेते। दफ्तर जाकर टेबल साफ करते और कागजों तथा फाइलों को प्राथमिकताओं के हिसाब से अलग-अलग लगा लेते और इसके बाद प्राथमिकताओं के हिसाब से काम करने लगते।

एस.एल.वी. की डिजाइन करते समय 250 के लगभग उपभाग और 40 बड़ी उप-प्रणालियाँ विकसित की गई थीं। जिस सामान की और जरूरत थी, उसमें छोटे-बड़े सब कलपुर्जे मिलाकर 10 लाख से ज्यादा की सूची बनती थी। उनके लिए वे निजी कम्पनियों के उत्पादों को विशेष महत्व देते थे जिससे भारतीय उद्यमियों को विज्ञान की जानकारी हो और इस क्षेत्र में कार्य करने की प्रेरणा प्राप्त हो।

लेकिन इन्हीं दिनों राटो मोटर निर्माण की योजना बन्द कर दी गई क्योंकि विदेशों से बनकर अब जो विमान भारत आने लगे उनमें राटो की

आवश्यकता ही नहीं थी। अब इसके स्थान पर 'डेविल' नामक एक अन्य योजना शुरू की गई जिसके अन्तर्गत जमीन से हवा में मार करनेवाली मिसाइल तैयार करने के लिए स्वदेशी तकनीकें विकसित की जानी थीं। इस योजना का कार्य हैदराबाद की प्रयोगशाला में होता था और नारायणन इसके प्रमुख थे। इंजीनियर कलाम थुम्बा में रहकर एस.एल.वी. परियोजना में पूरी तरह लगे रहने के कारण इससे एक प्रकार से अलग ही रहे।

इनकी योजना में समय-समय पर अनेक समस्याएँ उत्पन्न होती रहती थीं। सरकारी लालफीताशाही के कारण भी समस्याएँ आती थीं। इनसे वे इतने परेशान हुए कि एक दिन उन्होंने कमेटी की बैठक में डॉ. ब्रह्मप्रकाश के सामने इन्हें रख भी दिया।

शिकायत सुनकर डॉ. ब्रह्मप्रकाश बहुत व्यथित हुए और सिगरेट कुचलकर बैठक छोड़कर चले गए। अब्दुल कलाम को घटना से पछतावा भी हुआ और वे रात भर इस पर सोचते रहे। लेकिन दूसरे दिन दफ्तर पहुँचने पर उन्हें यह जानकर सुखद आश्चर्य हुआ कि डॉ. ब्रह्मप्रकाश ने योजना के सब वित्तीय अधिकार उन्हें ही सौंप दिए हैं। इस घटना से डॉ. ब्रह्मप्रकाश की उदारता तथा न्यायप्रियता पर उनका विश्वास बहुत बढ़ गया।

5

पहली सफलता

अन्तरिक्ष अनुसन्धान की 'इसरो' सबसे महत्वपूर्ण संस्था बन गई थी। सन् 1975 में इस कारण इसे पूरी तरह सरकारी संस्था बना दिया गया। इसकी एक स्वतन्त्र परिषद् का भी निर्माण किया गया जिसमें सभी केन्द्रों के प्रमुख और मन्त्रालय के चुने हुए बड़े अधिकारी शामिल किए गए। शासन की ओर से इसके सबसे बड़े अधिकारी टी.एन. शेषन थे। परिषद् की बैठकों में वे पूरी तैयारी करके जाते थे और सभी पर बहुत अच्छा प्रभाव छोड़ते थे। इंजीनियर कलाम भी उनसे बहुत प्रभावित हुए। इन दिनों एस.एल.वी. का निर्माण ही 'इसरो' की सबसे बड़ी योजना थी।

सन् 1978 में एस.एल.वी. की अन्तिम कक्षीय उड़ान की जानी थी। यह भारत के समग्र अन्तरिक्ष कार्यक्रम की पहली कक्षीय उड़ान थी। ड्राइंग बोर्ड का कार्य पूरा होने के बाद हार्डवेयर तैयार करने का काम होने लगा। यह काफी कठिन कार्य था और इसमें शशि कुमार नामक वैज्ञानिक ने बहुत बड़ा योगदान किया। किसी उपकरण की ड्राइंग अंतिम रूप से तैयार हो जाने के बाद वे तुरन्त उस पर कार्य आरम्भ कर देते। अन्य अनेक वैज्ञानिक तथा इंजीनियर इसमें उनकी सहायता करते।

'इसरो' मुख्यालय में वाई.एस.राजन नामक इंजीनियर योजना को सुचारु रूप से चलाते रहने में बहुत कुशल साबित हुए। उनकी विशेषता यह थी कि वे बड़े वैज्ञानिक, इंजीनियर, ठेकेदार, सरकारी अफसर के साथ मिस्त्री, खरादी, बिजली के काम करने वाले और ड्राइवर सभी के साथ ऐसे दोस्ताना सम्बन्ध बना लेते कि किसी भी काम में कभी भी कोई अड़चन नहीं आती

और सब कुछ सही ढंग और तेज गति से चलता रहता था। यह एक ऐसा गुण है जो बिरलों में ही होता है और जिसके बिना कोई भी बड़ा काम सफल नहीं हो पाता।

इन्हीं दिनों इंजीनियर कलाम के वयोवृद्ध पिता का देहान्त हो गया–इस समय उनकी अवस्था 102 वर्ष की थी (उनके पुत्र होने के कारण सम्भवतः डॉ. कलाम भी अतिदीर्घजीवी होंगे)। इससे दो वर्ष पूर्व परिवार में उनके सबसे बड़े शुभचिन्तक तथा बहनोई अहमद जलालुद्दीन का देहान्त हो चुका था। इन दोनों घटनाओं का अब्दुल कलाम के मन पर गहरा प्रभाव पड़ा। उन्हें फ्रांस में विकसित हो रहे भारतीय राकेट 'एपोजी' के उड़ान-परीक्षण के लिए फ्रांस जाना था, लेकिन इसी समय उनकी माँ का भी देहान्त हो गया। माँ की शान्ति-प्रार्थना करने जब वे अपने घर की मस्जिद में पहुँचे, उन्हें लगा कि कोई उनसे कह रहा है–"मैंने तुम्हारी माँ को जो जिम्मेदारी दी थी, वह उन्होंने बड़ी ईमानदारी से पूरी की है। तुम उनके लिए शोक क्यों मना रहे हो? अब तुम उस काम पर ध्यान दो जो तुम्हें करना है।"

इस सम्बन्ध में इंजीनियर कलाम का कहना है–"ये शब्द किसी ने कहे नहीं होंगे लेकिन उन्हें मैंने जोर से और स्पष्ट सुना। मुझे बहुत शान्ति प्राप्त हुई और मैं घर न जाकर सीधे रेलवे स्टेशन चला आया।"

थुम्बा पहुँचने पर डॉ. ब्रह्मप्रकाश ने उन्हें एक महत्वपूर्ण सूचना दी, राकेट विज्ञान के महारथी जर्मन वैज्ञानिक वर्नर फॉन ब्रॉन शीघ्र ही भारत आ रहे हैं। फॉन ब्रॉन वे व्यक्ति हैं जिन्होंने द्वितीय विश्वयुद्ध के समय हिटलर के लिए वी-2 मिसाइलें तैयार की थीं, जिनकी सहायता से हिटलर ने लन्दन पर हमला करके तबाही मचा दी थी। युद्ध समाप्त होने पर मित्रराष्ट्रों की सेना ने उन्हें बंदी बना लिया लेकिन इस क्षेत्र में उनकी विलक्षण योग्यताओं को देखते हुए उन्हें छोड़ ही नहीं दिया बल्कि 'नासा' ले जाकर वहाँ चलाए जाने वाले राकेट कार्यक्रम में बड़ी जिम्मेदारियाँ सौंप दी गईं।

अमेरिका में रहकर उन्होंने 'जुपिटर' नामक सुप्रसिद्ध मिसाइल बनाई

जो पहली इंटरमीजिएट रेंज बैलिस्टिक मिसाइल थी जो 3,000 किलोमीटर की दूरी तक मार कर सकती थी। इसके बाद उन्होंने 'सैटर्न' नामक वह सुप्रसिद्ध राकेट बनाया जिस पर चढ़कर पहला अमेरिकी मनुष्य चाँद की सैर कर आया। इन सब उपलब्धियों के कारण फॉन ब्रॉन अमेरिका के लिए एक पूजनीय व्यक्तित्व बन गए थे।

राकेट क्षेत्र के इतने महत्वपूर्ण व्यक्ति के आगमन से इंजीनियर कलाम रोमांचित हो उठे। वे मद्रास से उन्हें त्रिवेंद्रम ले आए। रास्ते में दोनों बातचीत करते रहे और अब्दुल कलाम उनकी बच्चों जैसी सरलता से बहुत प्रभावित हुए। उन्होंने अब्दुल कलाम को एस.एल.वी. यान योजना में कुछ परिवर्तन करने के सुझाव भी दिए।

उन्होंने इंजीनियर कलाम से यह भी कहा कि राकेट के निर्माण में दूसरों से ज्यादा अपेक्षा करने की जरूरत नहीं है। तुम्हारे यान की डिजाइन पूरी तरह भारतीय है और तुम्हारे सामने अनेक समस्याएँ आ सकती हैं जिन्हें तुम्हें खुद ही हल करना होगा। असफलताएँ भी आएँगीं लेकिन उनसे घबराने की जरूरत नहीं है। तुम्हें याद रखना चाहिए कि हम सिर्फ सफलताओं से ही नहीं बनते, हमारा निर्माण असफलताओं से ज्यादा होता है।

क्या पता था कि पहली असफलता उड़ान-परीक्षण के दिन ही उनका स्वागत करेगी?

पहली दुर्घटना तब हुई जब कई सदस्यों की एक टीम दूसरे चरण की प्रणाली तैयार करने में लगी थी। इसकी स्थैतिकी का परीक्षण करने से 15 मिनट पहले पता चला कि एक वाल्व में कुछ गड़बड़ी आ गई है। इसे देखने टीम के लोग जैसे ही वहाँ पहुँचे, नाइट्रिक एसिड का टैंक फट गया और एसिड उछलकर सदस्यों पर जा गिरा। टीम के सभी छह लोग जल गए और उन्हें तुरन्त अस्पताल ले जाना पड़ा। शिवरामकृष्णन नायर सबसे ज्यादा जले थे और वे रात भर दर्द से कराहते रहे। सवेरे होश आने पर उन्होंने पहली बात यही कही कि दुर्घटना के कारण जो समस्या पैदा हुई है, उसे वे बहुत जल्द ठीक कर देंगे।

उसके बाद जब 10 अगस्त 1979 को एस.एल.वी. राकेट सुबह 7 बजकर 58 मिनट पर श्रीहरिकोटा प्रक्षेपण केन्द्र से आकाश में छोड़ा गया तब अचानक ही उसमें कुछ खराबी आ गई और वह 600 किलोमीटर दूर समुद्र में जा गिरा। यह और भी बड़ी दुर्घटना थी।

एस.एल.वी. की सफलता का सपना पूरा होते-होते अधूरा रह गया। 23 मीटर लम्बा चार चरणों वाला यह राकेट 17 टन वजन का था। प्रक्षेपण होते ही इसकी प्रणालियों ने तुरन्त अपना कार्य आरम्भ कर दिया। पहला चरण पूरा होने के बाद उसे दूसरे चरण में परिवर्तित होना था, लेकिन यहीं उसमें एक बाधा आ गई और दूसरा चरण नियन्त्रण के बाहर हो गया। करीब सवा पाँच मिनट के बाद उड़ान बन्द हो गई और वह तेजी से घूमता हुआ समुद्र की ओर नीचे गिरने लगा।

इस घटना से इंजीनियर कलाम और उनके साथियों को गहरा धक्का लगा—मानो उनके शरीर, मन और मस्तिष्क तीनों ने काम करना बन्द कर दिया। अब्दुल कलाम के सामने उनकी पिछली सभी असफलताएँ—होवरक्राफ्ट 'नंदी' की असामयिक मृत्यु, राटो इंजन बनाकर भी उसे बीच में ही छोड़ दिया जाना और फ्रेंच रॉकेट की योजना पर भी काम बन्द कर दिया जाना—एक-एक कर मानो नाचने लगीं। उन्हें जबरदस्त निराशा ने आ घेरा। पिछले कई दिन से तैयारी में लगे रहने के कारण वे ठीक से सोए भी नहीं थे, अब कटे पेड़ की तरह वे अपनी चारपाई पर आ गिरे।

शाम को जब उनकी नींद खुली तो उन्होंने पाया कि डॉ. ब्रह्मप्रकाश उनके सिरहाने बैठे हुए हैं। वे उन्हें अपने साथ खाना खिलाने ले गए और इधर-उधर की बातें करते रहे। परन्तु यान दुर्घटना के विषय में उन्होंने एक शब्द भी नहीं कहा। यह उनकी गहरी समझ का परिचायक था।

निराशा के इन क्षणों में डॉ. ब्रह्मप्रकाश ने इंजीनियर कलाम को बड़ी सांत्वना दी। अब्दुल कलाम को यह लग रहा था कि असफलता का मुख्य कारण वे स्वयं हैं, लेकिन डॉ. ब्रह्मप्रकाश ने इसका प्रतिकार उन्हें यह बताकर किया कि असफलता के जिम्मेदार और साझीदार टीम के सभी लोग हैं।

उन्होंने एस.एल.वी. योजना पर कार्य कर रहे सभी व्यक्तियों को इकट्ठा करके अब्दुल कलाम के सामने ले जाकर खड़ा कर दिया। इससे उन्हें ढाढ़स मिला और आगे काम करने की प्रेरणा भी प्राप्त हुई।

इसके बाद असफलता के कारणों का पता लगाने का काम शुरू हुआ। इसके लिए वैज्ञानिकों की एक टीम बनाई गई जिसने जाँच करके यह बताया कि दूसरे चरण की नियन्त्रण प्रणाली के खराब हो जाने के कारण ऐसा हुआ। दूसरा कारण यह सामने आया कि ईंधन के लिए ऑक्सीडाइजर का काम करने वाला नाइट्रिक एसिड यन्त्र से बाहर निकल गया था। इसका भी कारण यह था कि टैंक का एक वाल्व खुला रह गया था। वैज्ञानिकों की बैठक में ये परिणाम स्वीकार किए गए। लेकिन इंजीनियर कलाम ने उठकर नाइट्रिक एसिड के बह जाने के लिए अपने को ही दोषी ठहराया। उन्होंने कहा—उल्टी गिनती के दौरान यह तथ्य उनकी दृष्टि में आ जाना चाहिए था और उन्हें आगे का कार्यक्रम रोक देना चाहिए था।

उनके यह कहते ही बैठक में सन्नाटा छा गया। फिर प्रो. धवन ने यह कहकर मीटिंग खत्म कर दी कि मैं अब्दुल कलाम को पृथ्वी की कक्षा में स्थापित करके ही रहूँगा।

इसके दो महीने बाद डॉ. ब्रह्मप्रकाश निदेशक पद से रिटायर हो गए।

एस.एल.वी. का दूसरा प्रक्षेपण 18 जुलाई 1980 को निश्चित किया गया। प्रक्षेपण का पहला मिशन चूँकि असफल हो गया था इसलिए समाचार पत्रों ने पहले से ही विरोध में लिखना आरम्भ कर दिया। लेकिन सुबह आठ बजकर तीन मिनट पर श्रीहरिकोटा प्रक्षेपण केन्द्र से एस.एल.वी. यान ने भारत के इतिहास में रॉकेट की पहली सफल उड़ान भरी। छोड़े जाने के दो मिनट बाद रॉकेट पृथ्वी की निचली कक्षा में स्थापित हो गया। इंजीनियर कलाम ने मिशन डायरेक्टर के रूप में सभी को सूचना दी : "सभी चरणों ने मिशन की जरूरतें पूरी कर ली हैं। चौथे चरण के इंजन ने उपग्रह को कक्षा में प्रविष्ट होने के लिए आवश्यक गति प्रदान कर दी है।"

सूचना सुनते ही सर्वत्र प्रसन्नता की लहर दौड़ गई। इंजीनियर कलाम

जैसे ही बाहर निकले, लोगों ने उन्हें कंधों पर उठा लिया और जुलूस की तरह सारे क्षेत्र में घुमाया।

यह समाचार टेलीविजन इत्यादि से प्रसारित होते ही देश भर में खुशी की लहर दौड़ गई। संसद में प्रसन्नता व्यक्त की गई। प्रधानमन्त्री इंदिरा गाँधी ने विशेष रूप से फोन करके सबको बधाइयाँ दीं। इस घटना से भारत अन्तरिक्ष की खोज के नए युग में प्रवेश कर गया था और दुनिया के सर्वोपरि चार-पाँच देशों की श्रेणी में पहुँच चुका था। इंजीनियर कलाम इस सफलता से इसलिए विशेष प्रसन्न थे कि यह उनके जीवन की पहली सफलता थी। इस रात वे अपने कमरे में बड़े चैन की नींद सोये। अगले महीने उन्हें मुम्बई के नेहरू विज्ञान केन्द्र में बोलने का न्योता दिया गया। यहाँ उन्होंने एस.एल.वी. से सम्बन्धित अपने अनुभव सुनाए।

यहीं उन्हें दिल्ली से प्रो. धवन का फोन प्राप्त हुआ—उन्हें प्रधानमन्त्री इंदिरा गाँधी से मिलना है।

इंजीनियर कलाम दिल्ली पहुँच तो गए लेकिन उन्होंने प्रो. धवन से कहा—"मेरे पास तो प्रधानमन्त्री से मिलने लायक कपड़े भी नहीं हैं।" प्रो. धवन हंसकर बोले—"तुम तो अपनी सफलता के कपड़ों से सजे हो। दूसरे कपड़ों की फिक्र मत करो।"

दूसरे दिन दोनों संसद भवन की एनेक्सी में पहुँचे जहाँ प्रधानमन्त्री की अध्यक्षता में विज्ञान और टैकनोलॉजी के संसदीय पैनेल की मीटिंग होनी थी। प्रधानमन्त्री ने सदस्यों को उपग्रह योजना के बारे में बताया और उसकी सफलता के लिए प्रशंसा की। प्रो. धवन ने औपचारिक धन्यवाद दिया—और जैसे ही वे मंच से हटे, श्रीमती गाँधी ने इंजीनियर कलाम की ओर मुस्करा कर देखते हुए उन्हें भी बोलने के लिए निमन्त्रित किया। अब्दुल कलाम ने बड़े ही संकोच से योजना के बारे में बताया और इस जैसी महत्वपूर्ण योजना पर कार्य करने का अवसर देने के लिए उन्हें धन्यवाद दिया।

इसके बाद इंजीनियर कलाम ने इस परियोजना से अवकाश ग्रहण

करने की इच्छा व्यक्त की जो स्वीकार कर ली गई। परन्तु परियोजना के कार्यक्रम चलते रहे और कई नई योजनाएँ तैयार करने का कार्य आरम्भ कर दिया गया। ये सब एस.एल.वी. से आगे की योजनाएँ थीं। इंजीनियर कलाम को एरोस्पेस डायनेमिक्स एण्ड डिजायन ग्रुप के निदेशक का कार्यभार सौंपा गया जिसके अन्तर्गत भविष्य के प्रक्षेपण यानों के डिजाईन करने का काम शामिल था। इस संस्थान के अन्तर्गत जो कार्य किया गया उसका परिणाम कुछ समय बाद 'अग्नि' मिसाइल के रूप में सामने आया।

एस.एल.वी. की दूसरी उड़ान 31 मई 1981 को आयोजित की गई। यह उड़ान भी सफल रही परन्तु इस बार अब्दुल कलाम इसके कर्ताओं में न होकर दर्शकों में बाहर बैठे।

अब फिर इंजीनियर कलाम के जीवन में एक नया मोड़ आया। उन्हें देहरादून की हाई ऑल्टीट्यूड लेबोरेटरी में व्याख्यान देने के लिए बुलाया गया। प्रसिद्ध न्यूक्लियर वैज्ञानिक प्रो. राजा रामन्ना इसकी अध्यक्षता कर रहे थे। पोखरण में न्यूक्लियर बम के विस्फोट की योजना में—जो इंदिरा गाँधी के प्रधान मन्त्रित्व काल में चलाई गई थी—उनका केन्द्रीय योगदान रहा था। मीटिंग के बाद उन्होंने अब्दुल कलाम को चाय के लिए बुलाया। डिफेंस रिसर्च एण्ड डैवलपमेंट आर्गेनाइजेशन में मिसाइल विकास का कार्यक्रम बिल्कुल ठप्प पड़ा हुआ था। उन्होंने पूछा, क्या वे इस कार्यक्रम की जिम्मेदारी लेना चाहेंगे?

इंजीनियर कलाम ने यह प्रस्ताव स्वीकार कर लिया। प्रो. धवन को भी इस प्रस्ताव से प्रसन्नता हुई क्योंकि उनके व्यक्ति के योगदान का महत्व समझा जा रहा था।

सन् 1981 को गणतन्त्र दिवस के अवसर पर इंजीनियर कलाम को 'पद्म भूषण' से अभिनंदित किया गया।

सन् 1982 के जून मास में उन्हें डिफेंस रिसर्च एण्ड डेवलपमेंट लेबोरेटरी के निदेशक पद का कार्यभार सौंप दिया गया। यहाँ इस समय पाँच विशेष योजनाओं तथा सोलह छोटी निर्माण योजनाओं पर काम चल रहा था। भारत

की अपनी स्वदेशी मिसाइल तैयार करने की तकनीकी के क्षेत्र में भी कुछ काम हो रहे थे।

इसी समय चेन्नई के सुप्रसिद्ध अन्ना विश्वविद्यालय ने उन्हें डॉ. ऑफ साइंस की मानद उपाधि प्रदान की। इसका अर्थ यह था कि रॉकेट इंजीनियरिंग के क्षेत्र में उनके कार्य को मान्यता प्रदान की गई। इसके बाद इंजीनियर कलाम के नाम के साथ डॉ. लगना आरम्भ हो गया।

प्रयोगशाला में इन दिनों निरुत्साह का माहौल था क्योंकि काम तो अनेक परियोजनाओं पर चल रहा था लेकिन या तो उन्हें बहुत धीरे चलाया जाता था अथवा तेजी से आगे बढ़ाकर बीच में ही लटका दिया जाता था। 'डेविल' मिसाइल ऐसी ही एक परियोजना थी जिसका कार्य इंजीनियर कलाम के यहाँ कार्य करने के पहले आरम्भ किया गया था लेकिन महत्वपूर्ण होते हुए भी उसे बीच में ही छोड़ दिया गया था। इन सब कारणों से संस्थान के प्रतिभाशाली वैज्ञानिक बहुत दुखी रहते थे।

इन्हीं दिनों नौसेनाध्यक्ष एडमिरल रासन का यहाँ आना हुआ। डॉ. अब्दुल कलाम ने इस अवसर का सदुपयोग प्रयोगशाला की एक धीरे-धीरे चल रही परियोजना में गति लाने के लिए करना चाहा। वह थी 'टेक्टीकल कोर व्हाइकल परियोजना' जिसमें एक साथ दो प्रकार की मिसाइलें दागने की व्यवस्था हो—पहली, जमीन से हवा में मार करने वाली मिसाइल तथा दूसरी, हवा से जमीन पर मार कर सकने वाली मिसाइल। एडमिरल रासन को उन्होंने बहुत विस्तार से ये सब जानकारियाँ दीं और लड़ाई के मैदान में इसकी विलक्षण उपयोगिता को रेखांकित किया। एडमिरल रासन को योज़ना पसन्द आई। प्रयोगशाला के वैज्ञानिकों ने भी यह जाना कि उनके नए निदेशक उपयोगी परियोजनाएँ चलाने पर अधिक ध्यान दे रहे हैं।

डॉ. अब्दुल कलाम ने संस्थान में आकर एक महत्वपूर्ण कार्य यह किया कि यहाँ कार्य करने के लिए देश की प्रमुख वैज्ञानिक संस्थाओं से अनुभवी वैज्ञानिकों को यहाँ बुलाना आरम्भ किया। उन्होंने बंगलौर की सुप्रसिद्ध इंडियन इंस्टीट्यूट ऑफ साइंस, इंडियन इंस्टूटीट्यूट ऑफ फंडामेंटल रिसर्च

आदि देश के अनेक संस्थानों से वैज्ञानिक बुलाए। इससे संस्थान के वातावरण में ताजी हवा का प्रवेश हुआ और उसने फिर से अपना काम करना आरम्भ कर दिया। विचार और कार्य को और अधिक गति देने के लिए उन्होंने दूसरा काम यह किया कि वरिष्ठ वैज्ञानिकों की एक समिति बनाई जिसमें सभी परियोजनाओं पर गहराई से विचार हो सके और सामूहिक निर्णय लेकर कार्य किया जा सके। मध्यम दर्जे के इंजीनियरों तथा वैज्ञानिकों को संस्थान की गतिविधियों से सीधे जोड़ने के लिए एक मिसाइल टेक्नोलोजी कमेटी भी बना दी गई।

इन दोनों समितियों ने कई महीने तक विचार विमर्श करके एक गाइडेड मिसाइल डेवलपमेंट प्रोग्राम तैयार किया। इसे लम्बी अवधि तक चलाया जा सकता था। इसी प्रकार स्वदेशी मिसाइलों के निर्माण का स्पष्ट और विस्तृत कार्यक्रम तैयार करने के लिए एक दूसरी कमेटी बनाई गई जिसके अध्यक्ष वे स्वयं बने। समिति ने केन्द्रीय सरकार की राजनीतिक मामलों की मन्त्रिमण्डलीय समिति में प्रस्तुत करने के लिए एक विस्तृत दस्तावेज और खर्चे का बजट तैयार किया। बजट में 12 साल के लिए 399 करोड़ अथवा मोटे तौर पर 400 करोड़ रुपए की माँग की गई थी।

सरकारी योजनाओं में बजट एक मुख्य वस्तु होता है और मिसाइल-निर्माण आदि परियोजनाओं के बजट छोटे होने सम्भव ही नहीं हैं। डॉ. कलाम तथा उनके साथियों को आशा नहीं थी कि सरकार उनका यह बजट स्वीकार करेगी।

श्री आर.वेंकटरमन उन दिनों रक्षा मन्त्री थे। बजट कमेटी की बैठक में तीनों सेना अध्यक्षों के अतिरिक्त केबिनेट सचिव, रक्षा सचिव तथा वित्त सचिव आदि सर्वोच्च अधिकारियों को भाग लेना था। डॉ. कलाम ने यह सोचकर कि इतना बड़ा बजट स्वीकृत होना असम्भव के समान है, अपने साथियों से विचार विमर्श करके पहले ही यह सोचना शुरू कर दिया कि 300 करोड़ रु. मिले तो हम क्या करेंगे, 200 करोड़ रु. मिले तो हम क्या करेंगे, और अगर 100 करोड़ रु. ही मिले तो हम क्या-क्या परियोजनाएँ

छोड़ना और चलाना चाहेंगे।

बैठक हुई और डॉ. कलाम इत्यादि से कई सवाल-जवाब किए गए। फिर बैठक खत्म हो गई और रक्षा मन्त्री यह कहकर उठ गए—कि शाम को मिलेंगे।

शाम को जब फिर डॉ. कलाम इत्यादि रक्षा मन्त्री से मिले तो उन्हें यही लग रहा था कि पूरा पैसा नहीं मिलेगा। इसलिए वे जो और जितना भी मिले, उसे ही लेकर काम करने के लिए तैयार होकर उनसे मिलने गए।

लेकिन रक्षा मन्त्री से उन्हें यह सुनकर बड़ा आश्चर्य हुआ कि उन्होंने पूरी योजना और पूरी रकम मंजूर कर ली है। दरअसल इन योजनाओं में डॉ. वेंकटरमन का, जो बाद में भारत के राष्ट्रपति बने, बड़ा गहरा योगदान था।

6

प्रक्षेपास्त्र तथा लड़ाकू विमान

'पृथ्वी' प्रक्षेपास्त्र का प्रयोग किसी भी मौसम में 40-250 कि.मी. की दूरी तक किसी भी निशाने पर किया जा सकता है। यह फील्ड गनों और अनियन्त्रित राकेटों की रेंज से आगे की दूरी तक भी मार कर सकता है। इसे बिना किसी तैयारी और पूर्व सूचना के वांछित स्थलों पर इस्तेमाल किया जा सकता है। प्रक्षेपास्त्र निशाने पर पहुँचने की अन्तिम स्थिति में भी उसकी दिशा में परिवर्तन किया जा सकता है। इसकी कुछ ऐसी विशिष्टताएँ हैं जो उसे उसके सब विरोधियों की चालों को तोड़नेवाला बनाती हैं। इनके कारण यह शत्रु के लिए बहुत खतरनाक साबित हो सकता है।

यह शत्रु देश के शहरी इलाकों में कोहराम मचाकर उसकी सब हलचलों को समाप्त कर सकता है और इस प्रकार उसके मनोबल को भंग कर सकने में समर्थ है। इसके प्रयोग से शत्रुदेश की भरी-पूरी सुरक्षा व्यवस्था को प्रतिकूल मौसम में भी भेदा जा सकता है। रात के अँधेरे में भी कारगर होने की इसकी योग्यता का लाभ उठाकर शत्रुदेश की फैक्टरियों, पेट्रोलियम के भंडारों, मार्शलिंग यार्डों जैसे सामरिक स्थानों पर भी जोरदार आक्रमण किया जा सकता है। यह बख्तारबन्द गाड़ियों जैसे अतिकठोर निशानों को भी उनके शस्त्रागारों में ही बेकार कर सकता है।

'जब 1983 में 'पृथ्वी' योजना को शुरू किया गया तब ऐसे अनेक पदार्थ थे जो भारत में उपलब्ध नहीं थे। जैसे, पंखों के लिए मैग्नीशियम मिश्र धातु, अल्यूमिनियम मिश्र धातु, एयरफ्रेम, टैंकेज, नेवीगेशनल सेंसर्स

इत्यादि। इन कारणों ने हमें मजबूर किया कि इनकी पूर्ति देसी तरीके से ही की जाए। लिहाज़ा, कई क्रांतिक प्रौद्योगिकियों, प्रक्रियाओं ओर पदार्थों को देश की अपनी प्रतिभाओं द्वारा विकसित करने का लक्ष्य रखकर कार्यारम्भ किया गया। हमारे वैज्ञानिकों ने नए प्रयोग करके, साफ्टवेयर का इस्तेमाल करके उनकी गुणवत्ता में वृद्धि करने में सफलता प्राप्त की।'

'पृथ्वी' ने दुनिया को यह दिखा दिया कि भारत विश्व स्तर की प्रौद्योगिकियों को भारतीय क्षमताओं के बल पर विकसित कर सकता है और इस प्रकार हमें नियंत्रित करने का सपना देखनेवाली ताकतों के मंसूबों पर पानी फेर सकता है। इस योजना का एक महत्वपूर्ण लाभ यह भी हुआ कि उसके शानदार प्रदर्शन के बाद से वैज्ञानिकों की एक नई पीढ़ी सामने आई है जो देश को अधिक शक्तिशाली तथा आत्मनिर्भर बना सकती है।

आधुनिक मिसाइलों के सम्बन्ध में भी उनका मानना यही है कि इनका आविष्कार पिछले वर्षों में पश्चिमी देशों में न होकर प्राचीन काल में भारत में हुआ था और ये हिन्दू पुराणों में प्रयुक्त शब्द 'अस्त्र' के ही विकसित रूप हैं। वास्तविकता भी यही है कि महाभारत आदि में ब्रह्मास्त्र, आग्नेयास्त्र, वरुणास्त्र आदि की जो कथाएँ बड़े विस्तार से मिलती हैं, उनमें आधुनिक मिसाइलों से एक मौलिक समानता है। अन्य देशों के ऐसे साहित्य में इस प्रकार के विवरण नहीं मिलते। एक बार लन्दन के प्रसिद्ध दैनिक 'टेलीग्राफ' के सैनिक संवाददाता मैथ्यू जार्ज के साथ हुई अपनी लम्बी बातचीत में वे यह बात स्वीकार करने को बिल्कुल तैयार नहीं हुए कि मिसाइल पाश्चात्य विज्ञान की देन हैं।

मन्त्र बाण तथा आग्नेयास्त्र ही मिसाइल हैं, यह कल्पना बचपन से ही उनके मन में पनपती रही। कालेज की पढ़ाई के दिनों में एक बार जब वे घर गए तो पिताजी के साथ अखबारों की छँटाई करते हुए उनकी नजर 'हिन्दू' में प्रकाशित एक लेख 'स्पिटफायर'—जिसका अर्थ 'मन्त्र बाण' होता है—पर पड़ी। द्वितीय महायुद्ध में इसका प्रयोग मित्रराष्ट्रों की सेनाओं ने किया था। एक बार फिर कलाम के मन में यह बात कौंध गई कि भारतीय

आग्नेयास्त्र ही यह मिसाइल है। इससे वे बहुत उत्तेजित हो उठे और सोचने लगे कि काश, भारत के पास भी ये अस्त्र होते। शायद तभी उनके मन में यह संकल्प उत्पन्न हो गया कि वे बड़े होकर देश के लिए इसका निर्माण करेंगे।

उनका यह संकल्प तथा स्वप्न सफल हुआ और उन्होंने जो मिसाइल बनाए, उनके नाम हैं–

पृथ्वी–सतह से सतह तक 150 से 250 कि.मी. की दूरी तक मार करने वाला मिसाइल

आकाश–सतह से हवा में 25 कि.मी. की दूरी तक मार करने वाला मिसाइल

त्रिशूल–सतह से हवा में 1/2 से 9 कि.मी. की दूरी तक मार करने वाला मिसाइल

नाग–टैंक प्रतिरोधी 5 कि.मी. की दूरी तक मार करनेवाला मिसाइल

अग्नि–मध्यम दूरी का 2,500 कि.मी. की दूरी तक मार करनेवाला मिसाइल

यह आश्चर्य की बात है कि अपनी बातचीत में डॉ. कलाम हिन्दू पुराणेतिहास से जुड़े जितने प्रतीकों का प्रयोग करते हैं, उतना कोई बहुशिक्षित तथा कट्टर धार्मिक हिन्दू भी नहीं करता होगा।

लड़ाकू विमान दो प्रकार के होते हैं–हल्के और मध्यम। उड़ान भरने से पहले मध्यम लड़ाकू विमान का वजन करीब 15 टन होता है जबकि हल्के विमान का वजन 10 टन से भी कम होता है। मिश्र पदार्थों तथा प्रगत वैमानिकी के कारण यह सम्भव हुआ है। विमानों की नई पीढ़ी के इस सदस्य में हथियार ले जाने की उच्च योग्यता है, अनूठे 'कावेरी' इंजन द्वारा ऊर्जा संचालित होती है और इसका डिजायन इसे ऊँचे दर्जे का युक्तिचालन तथा कार्य-साधकता प्रदान करता है। भारी लड़ाकू विमान इसका

मुकाबला नहीं कर सकते। इसकी कीमत भी कम है—विकसित देशों में लगनेवाली कीमत की एक तिहाई। विश्व बाजार में भी इसकी कीमत इसके समान अन्य विमानों की कीमतों से कम है।

'डी.आर.डी.ओ. की जोधपुर-स्थित प्रयोगशाला ने एक ऐसी इलेक्ट्रो-हाइड्रोलिसिस या विलवणीकरण प्रक्रिया का विकास किया है जो नमकीन व खारे पानी को पीने योग्य पानी में बदल देती है। राजस्थान में 20 हजार और 40 हजार लीटर पानी के दो प्लांट भी लगाए गये हैं जो 100 गाँवों को पानी प्रदान कर रहे हैं। इस घटना को देश के अन्य भागों में दोहराया जा सकता है।

7

भारत : अन्य देशों की तुलना में

'दो दशक में **जापान** के अभूतपूर्व विकास का कारण बीसवीं शताब्दी के छठे दशक में जापानी विश्व प्रौद्योगिकी के नेता नहीं थे। हकीकत यह है कि उस काल में जापानी माल को घटियापन का पर्याय कहा जाता था। तब जापान भारी मात्रा में प्रौद्योगिकियों का आयात करता था। लेकिन इसी समय सरकारी एजेन्सियों और उद्योग ने अपनी मर्जी से यह फैसला किया कि वे आयातित प्रौद्योगिकी पर जितना व्यय करते हैं, उससे चार गुना ज्यादा अपनी प्रौद्योगिकी के विकास पर खर्च करेंगे। इसके परिणामस्वरूप अगले दो दशकों में जापान दुनिया की एक आर्थिक शक्ति बन गया। यहाँ यह बताना जरूरी है कि अपने प्राकृतिक साधनों के नाम पर जापान के पास करीब-करीब कुछ भी नहीं है। इसका मुख्य श्रेय जाता है उसकी अपनी प्रौद्योगिकियों के निर्यात से अर्जित विशाल धनराशि को।

'सन 1960 में जापानी अनेक क्षेत्रों में काफी पीछे थे और 1970 में उनकी नीति कम विकसित देशों को निर्यात करने की थी। वे अपने से अधिक विकसित देशों से आयात करते थे और उनसे माल का भी आयात करके उसका इस्तेमाल करते थे, उसमें सुधार करते रहते थे और फिर नई सुधार कर निर्मित वस्तुओं को अधिक विकसित देशों में निर्यात करने लगते थे। ऐसा करते करते वे पूर्ण रूप से प्रौद्योगिकियों के निर्यातक बन गए।

'अपनी भावी परिकल्पना के अन्तर्गत, जापान ने अमेरिका के बराबर पहुँचकर, इसके बाद उससे हर प्रकार से आगे निकल जाने का लक्ष्य निर्धारित कर रखा है, यह चाहे उत्पादन का हो, या प्रौद्योगिकियों के निर्यात का,

या जीवन की गुणवत्ता बढ़ाने का।

'इसी प्रकार कोरिया ने भी पहले जापान के बराबर आकर फिर उससे भी आगे बढ़ जाने का लक्ष्य बना रखा है।

'जापान के इस सपने को असलियत में बदलने के लिए वहाँ के राजनीतिज्ञों, प्रशासकों, व्यापारियों, वैज्ञानिकों, इंजीनियरों, तकनीशियनों, बैंकरों और आम लोगों ने भरपूर सहयोग दिया। उनके इस लगन और मेहनत ने जो नतीजे हासिल किए वे आज जगजाहिर हैं। एक ऐसा देश जिसे महायुद्ध और दो अणुबमों ने बिल्कुल नष्ट-भ्रष्ट कर अवमानित हालत में जीने के लिए विवश कर दिया था, आज विश्व के सात सबसे अधिक शक्तिशाली देशों में एक है। आज दूसरे देश प्रौद्योगिकियों में मूल समर्थताएँ प्राप्त करके जापान की बराबरी करना चाह रहे हैं। अमेरिका जैसा सबसे शक्तिशाली राष्ट्र भी व्यापार-व्यवसाय के क्षेत्र में जापान को और आगे न बढ़ने देने की चिन्ता से ग्रस्त दिखाई देता है।'

'**चीन** का सपना इक्कीसवीं सदी के मध्य तक विकसित देशों की कतार में जगह पा लेने का है। इसमें केन्द्र सरकार की भूमिका निर्णायक है और रहेगी। देश का आर्थिक और सामाजिक विकास विज्ञान तथा प्रौद्योगिकी में उसकी प्रगति पर आधारित होगा। इस परिकल्पना का वर्णन करने वाले दस्तावेज में कहा गया है कि ये दोनों ही वे मुख्य शक्तियाँ हैं जो अपनी क्रान्तिकारी ताकत से देश को आर्थिक-सामाजिक विकास की दशा में धकेल सकती हैं।

'अपनी पिछली असफलताओं से चीन ने जो सबक सीखे उनमें प्रमुख है, सामर्थ्य प्राप्त करने के लिए लगातार विज्ञान और प्रौद्योगिकी का नाना क्षेत्रों में बहुमुखी विकास। दस्तावेज में स्वीकार किया गया है कि देश के वैज्ञानिक-प्रौद्योगिकीय विकास चूँकि आर्थिक विकासोन्मुखी नहीं थे, इसलिए वे बेअसर रहे, उनकी उपलब्धियाँ भी तात्कालिक आर्थिक-सामाजिक जरूरतों से बहुत दूर होने की वजह से उत्पादनकारी ताकतों में तब्दील न हो सकीं।

'कुछ दशक पहले तक द. **कोरिया** को ध्यान देने योग्य देश भी नहीं माना जाता था। वहाँ खाने की मेज पर यही बात होती थी कि सुबह या लंच में क्या खाया और कल क्या खाने को मिलेगा। दिन में तीन बार के भोजन का जुगाड़ कर पाना एक उपलब्धि माना जाता था। पर आज स्थिति बिलकुल बदल गई है--आज उसकी गणना दुनिया के अग्रणी देशों में होती है। यह चमत्कार संभव हुआ प्रमुख आर्थिक क्षेत्रों में आधुनिक प्रौद्योगिकियों के प्रयोग से, जैसे स्टील निर्माण, पोत निर्माण, कार निर्माण और इलेक्ट्रानिक्स।

'आरम्भ में पाश्चात्य अर्थशास्त्रियों ने कहा था कि चूँकि इस देश के पास इन क्षेत्रों में मूल सामर्थ्य नहीं हैं, इसलिए वह सफल नहीं हो सकेगा। लेकिन उसने अपने शानदार प्रदर्शन से यह सिद्ध कर दिया कि वह दृढ़ संकल्प वाला देश है।

'आज वह इन क्षेत्रों के अलावा अन्य क्षेत्रों में भी बहुराष्ट्रीय कम्पनियाँ चलाता है। अपने शोध और विकास क्षेत्र को कामयाब बनाने में उसने काफी पूँजी लगाई है जिसके फलस्वरूप वह इलेक्ट्रानिक्स जैसे क्षेत्र में भी कई महत्वपूर्ण योगदान करने में सफल हुआ है। अब उसकी प्रति व्यक्ति आमदनी बढ़कर दस हजार डालर तक पहुँच गई है।

'द. कोरिया की हैरतअंगेज कामयाबियों का राज छिपा है अपने उद्योग-व्यापार की मूल प्रौद्योगिकीय सामर्थ्यों को स्थापित करने के सतत प्रयासों के लिए विराट निवेश में--उद्योगों के शोध और विकास के लिए खासी रकम खर्च की जाती है। अनेक क्षेत्रों में उन्हें डिजायन-विषयक योग्यताएँ भी प्राप्त हैं।'

'राष्ट्र के रूप में **इजरायल** का जन्म 1948 में बड़ी ही कठिन परिस्थितियों में हुआ था। रेगिस्तान में पानी और भोजन की जरूरतों को पूरा करने के बाद उनके सामने अहम सवाल था सुरक्षा का। उनके चारों ओर शत्रु देश हैं। रेतीले देश में पानी की बेहद कमी है। प्राकृतिक साधन इने-गिने हैं।

'इन सब मुश्किलों के बावजूद उन्होंने भोजन की समस्या का हल अपनी अनूठी कल्पना से खोज निकाला। एग्री-फूड उत्पादों के क्षेत्र में वे नेता बन गए और नए मानदंड स्थापित किए। दूध का प्रति मवेशी उत्पादन 9,200 कि.ली. प्रति वर्ष है। इसकी तुलना में अमेरिकी गाय 7,000 कि. ली. ही दूध देती है और भारतीय गाय केवल 500 कि.ली.।

'अपनी सुरक्षा के लिए इजरायल ने प्रक्षेपास्त्रों का निर्माण किया है। उसने न्यूक्लियर, अन्तरिक्ष और इलेक्ट्रोनिक्स सम्बन्धी समर्थताएँ भी प्राप्त की हैं और उसके पास अनेक श्रेष्ठ प्रौद्योगिकियाँ तथा उत्पाद हैं। सारी दुनिया उसकी श्रेष्ठता को स्वीकार करती है।'

'मेरा मानना है कि एक राष्ट्र के रूप में हमें सन् 2020 तक कम-से-कम चौथे स्थान तक पहुँचने का लक्ष्य बना लेना चाहिए। इस लक्ष्य तक पहुँचने के लिए हमें बहुत सी बातें ज़ेहन में रखनी होंगी। हो सकता है, अन्य देश हमारी आशा के विपरीत और भी आगे पहुँच जाएँ। मुमकिन है कि हमारे अनुमानित विकास के साथ-साथ अन्तर्राष्ट्रीय व्यापार, वित्त, प्रौद्योगिकी या किसी अन्य क्षेत्र में प्रतिस्पर्धा बहुत तेज़ हो जाए। भारत के विरुद्ध अनेक देश अनैतिक तरीके से परस्पर मिलकर काम कर सकते हैं।

'हमें यह सबक सीखना होगा कि विकास करके शीर्ष पर बैठे देशों की कतार में जगह हासिल करना आसान नहीं है। अपने विकास की गति में निरन्तरता कायम रखने के लिए हमें अपने आयात-निर्यात में सन्तुलन बनाये रखना और कृषि, उद्योग तथा सेवा के क्षेत्रों में अपनी क्षमताओं को अक्षुण्ण बनाए रखना होगा। हमें यह भी ध्यान रखना होगा कि विकास का लाभ देश के निवासियों को जल्द-से-जल्द मिलना शुरू हो जाना चाहिए।

'भारत में आय के विभाजन का जो ढाँचा 1960 और 1994 के बीच था, उसमें कोई खास बदलाव नहीं आया है। इस अनुपात को और कम करना चाहिए। इसके लिए सामाजिक चेतना को सक्रिय करने के लिए भी कुछ करने की जरूरत है।'

8

भारत का दूसरा सपना

'हमारी पिछली पीढ़ी उन प्रतापी स्वाधीनता सेनानियों की पीढ़ी थी जिन्होंने महात्मा गाँधी तथा अन्य नेताओं के ओजस्वी नेतृत्व में आजाद भारत की परिकल्पना की थी, उसका सपना देखा था। भारतीयों द्वारा राष्ट्र के लिए देखा जानेवाला यह पहला सामूहिक सपना था। यह सपना लोगों के दिल-दिमागों में उतरा और उसकी प्रेरक शक्ति ने उनको आजादी के आन्दोलन में सामूहिक रूप से शामिल होने का जोश प्रदान किया। जीवन के हर क्षेत्र से जुड़े इस सपने के प्रति समर्पित लोगों के संयुक्त प्रयास ने देश को आजादी दिलाई।

'अगली पीढ़ी ने भारत को, पूरी ताकत के साथ, आर्थिक, कृषि और प्रौद्योगिकीय विकास के पथ पर अग्रसर किया। लेकिन भारत आज भी एक लम्बे समय से विकासशील देशों की कतार में खड़ा है।

'आइए, अब हम सब मिलकर विकसित भारत का सपना देखें। मुझे पूरा विश्वास है कि भारत में विकसित देशों की कतार में खड़े होने की क्षमता मौजूद है, और उसका यह सपना 15-20 वर्षों में पूरा हो सकता है।'

'सौभाग्य से भारत में अनेक उत्कृष्ट श्रेणी की धातुओं के स्रोत और साधन हैं। हमारे पास लौह, कच्चा मैंगनीज आदि भी प्रचुर परिमाण में हैं। चमत्कारिक धातु टाइटेनियम के भंडार के मामले में हम दुनिया में अव्वल नम्बर पर हैं। हमारे पास अनेक दुर्लभ और सामरिक महत्व की मूल्यवान

धातुएँ भी हैं। कीमती बेरिल की कच्ची धातु का विपुल भंडार भी है हमारे पास जिससे हमें तीस लाख टन मोनोजाइट, जो अनेक दुर्लभ धातुओं का स्रोत है, प्राप्त हो सकता है। हम अपनी इन बहुमूल्य धातुओं का उपयोग किस प्रकार कर रहे हैं? हमें इनकी सभी सम्भावनाओं का पूरा दोहन करना चाहिए।'

'जब मैं भारत के पहले उपग्रह 'एस.एल.वी' को अन्तरिक्ष में भेजने वाले साधन को तैयार करने के प्रयासों में लगा था, गाईडेंस सिस्टम्स के लिए मुझे जायरोस्कोप (बिम्बित करने वाले कैमरे) चाहिए थे। इसके लिए हमें कुछ बेरीलियम उत्पादों की जरूरत थी। इन उत्पादों को बनाने वाली अमेरिकी कम्पनी ने उन्हें हमें देने से इनकार कर दिया। फिर मालूम पड़ा कि एक जापानी कंपनी उसके कुछ भाग बनाती है। इसलिए उनसे सम्पर्क किया गया। इस कम्पनी ने भी मना कर दिया।

'तब मैंने बेरीलियम के बारे में जानकारी प्राप्त की। मुझे ज्ञात हुआ कि भारत के पास बेरीलियम की कच्ची धातु का सबसे विशाल भंडार है और यह भी कि भारत उसे विकसित देशों को सप्लाई करता है। बेरीलियम विषैली धातु है और उसका प्रयोग करते समय बड़ी सावधानी बरतनी पड़ती है। लेकिन एक बार शुद्ध धातु का रूप धारण करते ही वह अनेक असाधारण गुणों से युक्त आदर्श धातु बन जाता है। इसमें तांबा मिलाने से इलेक्ट्रानिक्स के क्षेत्र में अनेक नायाब कमाल किए गए हैं। अमेरिका आदि के पास ऐसी प्रौद्योगिकियाँ मौजूद हैं जिनके द्वारा वे कच्ची धातु को शुद्ध धातु में बदल सकते हैं और अपनी आवश्यकतानुसार उसका उपयोग कर सकते हैं।

'इस घटना से मैंने एक सबक सीखा। सबक यह कि अगर आपके पास आवश्यक प्रौद्योगिकी नहीं है तो आपके प्राकृतिक साधन और स्रोत बेकार साबित होंगे।

'परन्तु आज स्थिति यह है कि बेरीलियम उत्पादों के लिए हमें दूसरे देशों से भीख नहीं माँगनी पड़ती। डॉ. राजा रामन्ना और डॉ. सी.बी. सुन्दरम् के उद्योग से उसे शुद्ध करके आवश्यक उत्पाद बनाने की विधियाँ विकसित कर ली गई हैं।'

'यह एक जीती-जागती सच्चाई है कि मानव-इतिहास के किसी भी काल में नए आविष्कारों, बीमारियों के इलाजों, कला, साहित्य, विज्ञान इत्यादि की इतनी ज्यादा उपलब्धियाँ आदमी के लिए प्राप्त नहीं थीं जितनी बीसवीं सदी के दूसरे भाग में हुई हैं। तब जो भी उपलब्धियाँ थीं उनका कुछ खास लोग ही लाभ उठा सकते थे। अनेक आर्थिक विवशताएँ भी थीं और उत्पादन की तकनीकें तथा स्तर ऐसे थे कि उनके द्वारा जिस दौलत की कमाई होती थी, वह ज्यादा नहीं होती थी। इसलिए सिर्फ अमीर और प्रभावशाली लोग ही जीवन की अच्छी तथा उपयोगी वस्तुओं का उपयोग कर सकते थे। और जो अतिरिक्त दौलत कमाई भी जाती थी, उसके लिए बहुत से लोगों को बहुत ज्यादा मेहनत करनी पड़ती थी। यह स्थिति भारत ही नहीं, सारी दुनिया में थी।

'बीसवीं सदी में आविष्कारों ने विशाल उत्पादन के युग के द्वार खोले। पेचीदा प्रौद्योगिकियों, निर्माण विधियों और उनमें प्रयोगों के फलस्वरूप नए-नए उत्पाद सामने आने लगे। उस समय की संख्यात्मक प्रणाली की अर्थव्यवस्था का लाभ पाने के लिए विशाल उत्पादन आवश्यक भी था। इसके फलस्वरूप उत्पाद उपभोक्ताओं को सुलभ मूल्य पर मिलने लगे। रोजगार के अवसर बढ़े, उत्पादन में अपना योगदान करनेवालों के वेतन बढ़े और आम लोगों को ज्यादा वस्तुएँ खरीदने के अवसर मिले। बहुत से गाँववाले साइकिलों से काम पर जाने लगे। ट्रांजिस्टरों की बदौलत लाखों-करोड़ों लोगों को घर बैठे मनोरंजन और समाचार प्राप्त होने लगे। कप और सॉसर खरीदकर हजारों लोगों को देश के कोने-कोने में चाय की दुकानें खोलकर रोजी-रोटी कमाने के नायाब मौके मिले। विशाल उत्पादन तथा सुधरी प्रौद्योगिकियों ने बेशुमार लोगों की फीकी जिन्दगियों को नई-नई खुशियों से भर दिया।

''प्रौद्योगिकी, अर्थव्यवस्था, रामाज, पर्यावरण, और राजनीति के अन्तर्बंधन इतने अधिक प्रगाढ़ नहीं थे, जितने कि वे आज हैं। प्रौद्योगिकीय माँगों में भी जबरदस्त परिवर्तन आया है। पहले हर कच्चे माल से एकाध ही वस्तु का उत्पादन किया जाता था, अब उसके अवशेषों से भी, नई प्रौद्योगिकियों

की सहायता से, अनेक वस्तुएँ बनाई जाने लगी हैं। जैसे, तब गन्ने से ज्यादा से ज्यादा चीनी बनाने पर ही निर्माताओं का ध्यान रहता था, बचे हुए माल के बारे में वे नहीं सोचते थे। आज खोई के चूरे से या तो कागज बनता है या उसका इस्तेमाल बिजली-उत्पादन में किया जाता है। इसी तरह आक्जेलिक एसिड जैसी बेकार मानी जानेवाली वस्तु से करीब एक दर्जन रसायन तैयार होते हैं।'

'आधुनिक प्रौद्योगिकी का विस्फोटक विकास और उससे उत्पन्न पर्यावरण की गम्भीर समस्याओं के मद्देनजर उन पर बहुत से सवालिया निशान लग गए हैं, जिसने वैज्ञानिक विचारकों को ज्ञान-प्राप्ति की एक ही लीक पर चलते रहने की अपनी आदत को छोड़कर नए-नए मार्गों की खोज करने को विवश कर दिया है। अब उन्होंने उन प्राचीन और भूले-बिसरे आदिवासी समाजों के पारम्परिक ज्ञान के दरवाजों पर भी दस्तक देना आरम्भ कर दिया है। इस सतत खोज के परिणामस्वरूप प्राचीन पारम्परिक चिकित्सा विधियों, जड़ी-बूटियों के नुसखों और यहाँ तक कि धातुकारों के कर्म के बारे में बड़ी मात्रा में ऐसी जानकारी प्राप्त हो रही है जो आज के युग के लिए प्रासंगिक हो सकती है। आजकल नीम, हल्दी, इमली, बासमती चावल जैसे पदार्थों के इर्द-गिर्द आविष्कारों का जो जमाव हो रहा है, वह इसी सरगर्मी का परिणाम है। अन्य देशों की प्राचीन सफलताओं के ज्ञानाधार का भी व्यापकता से उपयोग हो रहा है।

'संस्कृत भाषा का भी बड़ी बारीकी और गहराई से अध्ययन किया जा रहा है, इस भावना की पुष्टि के लिए कि क्या सचमुच उसका उपयोग कम्प्यूटर की आदर्श भाषा के रूप में किया जा सकता है। ऐसे अध्ययनों में सबसे ज्यादा रुचि विकसित देश ले रहे हैं।'

'आन्ध्र प्रदेश के एक अधिकारी ने पाया कि वहाँ के आदिवासियों के पास कुछ ऐसी गौंदें और लकड़ियाँ होती हैं जिन्हें गँदले पानी में डालकर उसे स्वच्छ किया जा सकता है। जाहिर था कि उन पदार्थों में कोई ऐसा

रसायन होता था जिसके प्रयोग से पानी देखते ही देखते एकदम साफ हो जाता था। जाँच से पता चला कि इनमें भारी खनिजों तथा नाभिक वस्तुओं तक की गन्दगी को सोख लेने की ताकत है।

'अधिकारी महोदय इस जाँच को जारी रखना चाहते थे लेकिन, जैसा कि हमारी व्यवस्था में अक्सर होता है, उन्हें अनेक विरोधों और रुकावटों का सामना करना पड़ा। उन्होंने कई प्रयोगशालाओं के सम्मुख अपना प्रस्ताव रखा मगर उनमें से किसी ने भी कोई उत्तर नहीं दिया। एक विदेशी विश्वविद्यालय ने जरूर अपनी रुचि जताई।'

'भारत में चिकित्सकीय महत्व के पेड़-पौधों का हमारा ज्ञान हजारों वर्ष पुराना है। ऋग्वेद के अनेक सूक्तों में पीपल, सेमल, मिथुआन आदि वृक्षों का उल्लेख है और उनका जो वर्णन किया गया है, वह काफी हद तक सही है। अथर्ववेद में इनके बारे में विस्तार से जानकारी दी गई है। इसमें प्रायः दो हजार जातियों, किस्मों और प्रकारों का विस्तृत वर्णन है, उनके प्रयोग की विधियों के साथ। इसके बाद प्रख्यात काय चिकित्सकों ने अपनी 'चरक संहिता' और 'सुश्रुत संहिता' में 700 के करीब रोजमर्रा के इस्तेमाल में आनेवाली और विशेष प्रयोजनों के लिए निर्धारित औषधियों का विवरण दिया है।

'लोग इस बात को जानें कि भारत के औषधीय पौधों में असीम सम्भावनाएँ मौजूद हैं। इस सम्बन्ध में कल्पना कीजिए कि यदि देश के हर गाँव या तालुके में इन सम्भावनाओं की सम्पूर्ण जानकारी प्राप्त करने के उद्देश्य से व्यापक सर्वेक्षण किया जाए तो ये सम्भावनाएँ कई गुना और ज्यादा बढ़ जाएँगीं। और इससे भी ज्यादा महत्व की बात यह है कि इस अपार ज्ञान में यदि हमारा यह इरादा भी जुड़ जाए कि हम इन पौधों के व्यापारीकरण की प्रक्रिया भी शुरू करेंगे, तो असीम सम्भावनाओं का एक दूसरा द्वार भी खुल जाएगा।

'क्या हम इस चुनौती को स्वीकार करने का साहस करेंगे? मेरा मानना है कि हमें यह अवश्य करना चाहिए।'

'मुझे याद है कि 'इसरो' के लिए कम्प्यूटर प्राप्त करने के लिए हमें कितनी ज्यादा लिखा-पढ़ी करनी पड़ती थी। हर कम्प्यूटर खरीदने के लिए कितनी मुलाकातें करनी पड़ती थीं, कितने लम्बे-लम्बे नोट तैयार करने पड़ते थे, कितने सवालों के जवाब देने पड़ते थे।'

'तब से आज (1998) तक देश ने एक लम्बी मंजिल तय की है। आठवें दशक के मध्य से, जब भारत का कम्प्यूटर-निर्माण का मोर्चा खुला, तब से लेकर आजतक भारत एक बिलियन डालर मूल्य के साफ्टवेयर का निर्यात कर चुका है। सेवाओं में तो वृद्धि हुई ही है, बहुत से कामकाज अब अधिक कुशलता और दक्षता के साथ होने लगे हैं।'

'हमने पाया है कि हमारे फाइव-स्टार होटलों के निर्माण में काम आनेवाली काफी सामग्री विदेशों से आयात की जाती है—सिर्फ इस वजह से कि उनके योग्य गुणवत्ता वाली सामग्री हमारे देश में निर्मित नहीं होती। अब भारत के बड़े शहरों में शापिंग माल, सुपर मार्केट आदि विशाल बिक्री-केन्द्र खुलते जा रहे हैं। इनके निर्माण के लिए जो उपसाधन, सहायक सामान तथा जो भी अन्य वस्तुएँ आवश्यक हैं, उनका निर्माण भारत में ही क्यों नहीं हो सकता? परमाणु ऊर्जा को वशवर्ती करनेवाला हमारा देश, जिसने बहुत पेचीदा धातुकर्मी उत्पादों का निर्माण कर दिखाया है, इन सरल वस्तुओं का निर्माण भारतीय तकनीकी और डिजायनों के आधार पर क्यों नहीं कर सकता?'

'हमारे पास जो संसाधन मौजूद हैं, उनका अधिक से अधिक लाभ उठाने के लिए लोगों को शिक्षित करना बहुत जरूरी है। मिसाल के तौर पर, हम वाहनों के प्रयोग में ईंधन की बचत करने वाले उपायों की जानकारी देकर बहुत बचत कर सकते हैं। तब वह बार-बार बेकार एक्सीलरेटर नहीं दबाएगा, अचानक ब्रेक लगाने की जगह वह पहले से ही अपनी रफ्तार कम कर देगा। इसी तरह यदि स्टोव की लौ को इतना ही जलाएँ कि वह

बर्तन के नीचे ही रहे, उसके चारों ओर न फैले, तो गैस की खपत काफी कम हो जाएगी। यह बर्बादी देश की अर्थ व्यवस्था पर बुरा प्रभाव डालती है। विविध क्षेत्रों में इस प्रकार का आवश्यक प्रशिक्षण अपने आप में खुद एक उद्योग की शक्ल ले सकता है।'

'विकासशील देशों की तालिका में भारत का स्थान बहुत नीचे है—175 देशों में 134वाँ। उससे ऊँचा स्थान मलेशिया, थाइलेंड और श्रीलंका जैसे देशों का है। हमारी आबादी के 75 फीसदी लोगों को साफ-सुथरे और स्वास्थ्यप्रद वातावरण में जीना नसीब नहीं है। 21 प्रतिशत लोगों को पीने का अच्छा पानी भी नहीं मिलता।

'राष्ट्र संघ की मानव संसाधन विकास—1995 की रिपोर्ट में साफ कहा गया है कि हमें मानवीय मूलधन में अत्यधिक धनराशि का निवेश करना है।'

9

पाँच मिशन

'सन् 1960 में जर्मन तकनीकी की सहायता से भारत ने राउरकेला में अपना स्टील प्लांट निर्मित किया था। वह लागत और गुणवत्ता दोनों ही दृष्टियों से दुनिया के सर्वोत्तम स्टील प्लांटों में से एक था। इसके बाद क्या हमने उस तकनीकी की कुशलता और सामर्थ्य तथा अपने शिल्पियों की क्षमता को और भी आगे बढ़ाने का कोई गम्भीर प्रयास किया?

'नहीं। उलटे हमने हालात को और भी बदतर हो जाने दिया। बोकारो स्टील प्लांट के निर्माण के लिए हम पहले अमेरिका और बाद में सोवियत यूनियन के चक्कर लगाते रहे। उसके बन जाने के बाद भी हम सुस्त बने रहे, हमने अपनी कार्यक्षमता को बढ़ाने की फिर भी कोशिश नहीं की। रांची-स्थित स्टील शोध और विकास केन्द्र हमारी स्टील तकनीकी से कभी भी सार्थक रूप में जुड़ नहीं पाया। इसी तरह भारत सरकार द्वारा स्थापित स्टील-विकास निधि भी स्टील उद्योग की स्पर्धात्मक क्षमता को बढ़ाने में कोई महत्वपूर्ण योगदान नहीं कर सकी।

'अमेरिकी उद्योगपति अक्सर कहा करते थे—मेरी फैक्टरियों को भले ही जला दो, मुझे उन्हें चलाने वाले लोग दे दो। मैं उनकी सहायता से नई फैक्टरियाँ शुरू कर दूँगा। हमारे देश में ऐसे काबिल इंजीनियर और शिल्पी मौजूद हैं जो स्टील अथारिटी ऑफ इंडिया, टाटा आयरन एण्ड स्टील कम्पनी जैसे प्लांट्स की कायापलट कर सकते हैं—बशर्ते उन्हें नए मिशन के अनुसार कार्य करने का अवसर और सुविधा मिल जाए।'

'औद्योगिक उत्पादों के निर्माण में मिश्र धातुओं का बड़ा महत्व होता है। मामूली से अथवा किसी नई धातु के योग से निर्मित नवीन मिश्र धातु पहली धातुओं से अधिक उपयोगी सिद्ध हो सकती है। प्रश्न उठता है कि पिछले दिनों क्या हमने कोई भारतीय मिश्र धातु बनाई है?

'नहीं। हम ऐसी स्टील मिश्र धातु का इस्तेमाल करते हैं जिसका निर्माण या तो अमेरिका या सोवियत रूस या फ्रांस में किया गया था। इसके बाद जब अलूमिनियम मिश्र धातु अथवा टाइटेनियम मिश्र धातु की बात आती है तो पता चलता है कि इनका जन्म भी या तो अमेरिका अथवा यूरोप में हुआ था।

'मैं धातुओं के क्षेत्र में कार्य कर रहे भारतीय वैज्ञानिकों से अक्सर यह पूछता हूँ कि इस क्षेत्र में काफी भारतीय शोध होने के बावजूद हम अभी तक एक भी स्वदेशी मिश्र धातु का निर्माण क्यों नहीं कर सके हैं?'

'उत्तर में वे कहते हैं—हमारे देश में अभी तक शोध-विकास, उद्योग और अकादमिकी, इन तीनों का परस्पर सहयोगी त्रिभुज नहीं बन सका है—जिसके बिना इन उन्नत क्षेत्रों में कोई भी महत्वपूर्ण सफलता प्राप्त करना सम्भव नहीं है।'

डॉ. कलाम ने निर्माण के इस राष्ट्रीय मिशन के पाँच प्रमुख क्षेत्र अथवा मिशन चुने हैं और इस प्रकार उनके लक्ष्य निर्धारित किए हैं :

(1) **कृषि तथा प्रोसेसिंग से तैयार किए गए खाद्य पदार्थ** : जीवन के लिए चूँकि भोजन मुख्य है इसलिए भारत को अपने इस मिशन के तहत दो दशकों में 3600 लाख टन प्रतिवर्ष खाद्य का उत्पादन करना है। इस ध्येय को प्राप्त कर लेने के पश्चात् घरेलू खपत पूरी कर लेने के बाद पर्याप्त मात्रा में दूसरे देशों को भी निर्यात किया जा सकेगा जिससे देश को आय भी प्राप्त हो सकेगी। आज भी यह स्थिति उत्पन्न हो गई है, यह हम सब जानते हैं और काफी अनाज बाहर भेजा जाने लगा है। परन्तु इसे और आगे बढ़ाना हमारा लक्ष्य होना चाहिए।

(2) **विद्युत शक्ति का निर्माण :** विकास और निर्माण के सभी कार्यों के लिए पर्याप्त मात्रा में बिजली का उत्पादन करना सबसे महत्वपूर्ण अंग है। लोगों को घरेलू सुख-साधन मुहैया कराने के अलावा अन्न के अधिक उत्पादन के लिए बिजली अनिवार्य है और बिजली से ही इंजीनियरिंग, रसायन, धातुओं को परिमार्जित करके मशीनों और उद्योगों में लगाने योग्य बनाना, समग्र परिवहन, संचार और सूचना क्षेत्र के सुचारु परिचालन तथा अन्य सभी आर्थिक विकास और रोजगारों के लिए बिजली की आवश्यकता केन्द्रीय महत्व की है।

आज भारत की विद्युत उत्पादन क्षमता 85,000 मेगावाट है। इसमें से केवल 32,000 मेगावाट ही उपभोक्ता तक पहुँच पाती है। यह माँग से 5 प्रतिशत कम है। विभिन्न क्षेत्रों की निरन्तर बढ़ती हुई आवश्यकता को देखते हुए यह माँग निरन्तर कई गुना बढ़ती चली जाएगी। इसलिए कोयला, गैस, जल और आणविक स्रोतों से बिजली का उत्पादन बढ़ाने की बहुत आवश्यकता है। इसी के साथ उसके कुशल संचरण को भी सुनिश्चित करना आवश्यक है।

(3) **सूचना प्रौद्योगिकी :** प्रौद्योगिक योजनाओं के दस्तावेजों में सॉफ्टवेयर, इंजीनियरिंग और उससे जुड़ी प्रौद्योगिकी के आधारों के उत्पाद और सेवाएँ महत्वपूर्ण मूल क्षमताओं की श्रेणी में आती हैं। राष्ट्रीय स्तर पर यह निर्णय ले लिया गया है कि एक दशक में भारत को सूचना प्रौद्योगिकी के क्षेत्र में महाशक्ति बनाना है। साफ्टवेयर के उच्चतर स्तरों पर भारत के पास बेहतर बौद्धिक क्षमता मौजूद है। यह देश के लिए आमदनी का बहुत बड़ा साधन बनने लगा है। इससे इलेक्ट्रानिक्स तथा निर्माण क्षेत्रों में भी काम बढ़ेगा जिससे आय में वृद्धि होगी। दूसरी ओर इसके द्वारा विश्वव्यापी प्रचार की साधन-सामग्री उपलब्ध होगी जिससे अनेक कार्य किए जा सकेंगे। जैसे व्यापार बढ़ाना, जनता को अपने अधिकारों की जानकारी देना, शिक्षा तथा स्वास्थ्य की जानकारियों का प्रसार, इत्यादि।

ये सब बड़े महत्वपूर्ण योगदान हैं और हम जानते हैं कि भारत ने इस दिशा में बड़ी तेजी से प्रगति करना आरम्भ कर दिया है। अमेरिका

की सिलिकॉन वैली तक में भारतीयों का बोलबाला है। देश में भी बंगलौर, हैदराबाद इत्यादि इसके बड़े केन्द्र बनते जा रहे हैं। इन्फोसिस, विप्रो जैसी संस्थाएँ दुनिया की सबसे बड़ी कुछ संस्थाओं में गिनी जाने लगी हैं।

4. सामरिक महत्व के कार्य—विकसित देश की श्रेणी में खड़ा हो सकने के बराबर ही राष्ट्रीय सुरक्षा का विषय भी है। हमें युद्ध के सभी प्रकार के अस्त्र तथा लड़ाकू तोपें, एल.सी.ए. विमान, प्रक्षेपास्त्र इत्यादि न केवल स्वयं बनाना चाहिए वरन् उन्हें विदेशी बाजारों में बेचना भी चाहिए। एयरोस्पेस, उन्नत इलेक्ट्रानिक्स, उन्नत सैंसर्स, इत्यादि उद्योगों की स्थापना करके हम अपनी सामर्थ्य विकसित कर सकेंगे। भारत को छोटे यात्री जैट विमानों का भी निर्माण करना चाहिए। सुरक्षा मन्त्रालय ने दस वर्ष में इन सभी क्षेत्रों में वर्तमान 30 प्रतिशत से 70 प्रतिशत तक वृद्धि करने की योजना बनाई है। सामरिक महत्व के उद्योगों तथा उनसे जुड़ी प्रौद्योगिकियों को खोला जा रहा है।

(5) शिक्षा और स्वास्थ्य : सही और पूर्ण शिक्षा के बिना किसी भी प्रकार की उन्नति सम्भव नहीं है। लोगों में शिक्षित होने की इच्छा है परन्तु साधनों का अभाव है। अवसर उपलब्ध कराने का कार्य उन प्रचलित तरीकों से नहीं हो सकता जो आजकल गाँवों के स्कूलों और शिक्षण संस्थाओं में मौजूद हैं। प्रत्येक नागरिक को शिक्षित कराने के उद्देश्य से गाँवों का अच्छी सड़कों द्वारा शहरों के शिक्षा केन्द्रों से जुड़ा होना आवश्यक है। इससे गाँवों और कस्बों में ही सबको उच्च शिक्षा उपलब्ध हो सकेगी।

शिक्षा के अलावा यहाँ स्वास्थ्य की सब सुविधाएँ भी आधुनिक साधनों की सहायता से उपलब्ध कराई जाएँगीं। इन केन्द्रों में कार्य करने वाले शिक्षक और चिकित्सक जरूरत पड़ने पर भारत ही नहीं, विदेशी विशेषज्ञों से भी परामर्श इत्यादि ले सकेंगे। उपग्रह-संचार व्यवस्था में भारत की उपलब्धियाँ जबरदस्त हैं। तकनीकी निपुणता के अलावा हमारे देश को श्रेष्ठ राजनीतिक और सामान्य प्रबंधन की योग्यता भी विकसित करनी होगी। सन् 2020 तक यह समूचा नेटवर्क तैयार किया जाना चाहिए।

परिचालन : इन सब कार्यों के सफल परिचालन के लिए पुराने ढंग

का सरकारी प्रबन्धन सही और पर्याप्त नहीं है। भारत को विकसित देश बनाने के लिए नए अभियान के दौरान हमें सोचने-विचारने और कार्य करने के बने-बनाए ढंगों में काफी फेरबदल करना होगा। प्रतियोगात्मक पद्धति अपनाकर अधिक उदार और सरल कार्य-पद्धतियाँ विकसित की जा सकेंगी। क्रियान्वयन के कार्यों से जुड़े लोगों को ज्यादा अधिकार देने होंगे। साथ ही निजी क्षेत्र को भी इन सब कार्मों में सम्मिलित होने के लिए आमंत्रित करना होगा।

यह योजना अत्यन्त विशाल है और इसकी सफलता के लिए समाज के प्रत्येक वर्ग का पूरा सहयोग आवश्यक है। डॉ. अब्दुल कलाम ने उन सबके कार्य भी निश्चित कर दिए हैं :

सरकारी मन्त्रालय और विभाग : प्रत्येक मन्त्रालय अथवा विभाग अपने से सम्बन्धित मिशन उठा ले जिससे समग्र योजना को क्रियान्वित किया जा सके। अन्य विभागों, एजेंसियों, गैर सरकारी संस्थाओं और निजी क्षेत्र के सहयोग से वे इन मिशनों को पूरा करें, किसी अन्य के द्वारा शुरुआत की प्रतीक्षा न करें।

केन्द्रीय सार्वजनिक क्षेत्रों के उपक्रम : सभी उपक्रम अपनी प्रौद्योगिकीय विशेषताओं के अनुरूप एक-एक योजना स्वीकार करके उस पर कार्य करें। यह उस मिशन के अलावा है जिसे किसी मन्त्रालय ने पहले से आरम्भ कर रखा होगा, और जो उनके जिम्मे होगा।

राज्यों के सार्वजनिक क्षेत्रों के उपक्रम : प्रत्येक उपक्रम अपनी इच्छा से कम से कम एक क्षेत्र विकास तथा सेवा के लिए चुने। इसके अतिरिक्त सम्भव हो तो उन्हें एक और योजना की शुरुआत करना चाहिए जो उन योजनाओं के अलावा हो जिन्हें उनकी संचालिका संस्थाओं ने पहले ही शुरू किया हुआ है। इन योजनाओं से उन्हें अपने क्षेत्रों के चारों ओर से ही वित्तीय सहायता मिल जाएगी।

बड़े उद्योग–हर उद्योग एक ऐसी योजना आरम्भ करे जो केन्द्र के

सार्वजनिक क्षेत्र की किसी भी योजना के समान न हो। यह उनकी अपनी कारपोरेट योजना से भिन्न होगी और उन माँगों से भी भिन्न होगी जो वे सरकार द्वारा प्रायोजित मिशनों के अन्तर्गत कर रहे हैं। बेहतर प्रौद्योगिकी की सहायता द्वारा उन्हें किसी एक लघु उद्योग की भी सहायता करना है और कृषि क्षेत्र में भी उतरना है। साधन तथा योग्यता सभी दृष्टियों से देश के नवनिर्माण में उनका महत्वपूर्ण स्थान है, इसलिए उन्हें अपना उत्तर-दायित्व पूरे मन से निभाना चाहिए। ऐसा होते ही उनका उत्पादन तथा आय दोनों ही बहुत बढ़ जाएँगीं।

लघु उद्योग : भारत की अर्थनीति में लघु उद्योगों का महत्वपूर्ण स्थान है यद्यपि उनकी समस्याएँ भी अनेक हैं। वे उच्च अध्ययन की संस्थाओं और प्रयोगशालाओं से जुड़कर अपनी प्रौद्योगिकी को विकसित करने का प्रयास करें। उनके कार्यों में नवीकरण होते ही उनका उत्पादन तथा आय दोनों ही बहुत बढ़ जाएँगीं।

बहुराष्ट्रीय कम्पनियाँ : एक अरब से ज्यादा आबादी वाले इस देश के विकास में योगदान करके ये कम्पनियाँ अपना व्यापार पहले से कहीं ज्यादा बढ़ा सकती हैं। इस दृष्टि से उन्हें चाहिए कि वे भारत में अपनी दिलचस्पी की एक दो परियोजनाएँ आरम्भ करें। सही समय पर मिल जाने वाली सहायता छोटी होने पर भी बहुत महत्वपूर्ण होती है। इससे पारस्परिक सद्भावना भी बढ़ती है।

स्वयंसेवी संस्थाएँ : पिछले दशकों में स्वयंसेवी संस्थाओं का देश को आगे ले जाने में महत्वपूर्ण योगदान रहा है। उन्हें चाहिए कि वे अपने कार्यों को निरन्तर बढ़ाती रहें और ऐसे प्रयास करें जिनसे द्रुत परिवर्तनों का वातावरण बने और जन-साधारण सभी आवश्यक योजनाओं को उठाने तथा पूरा करने में आगे आए। ग्रामीण क्षेत्रों में इनकी बहुत आवश्यकता है।

मीडिया : मीडिया ज्यादातर उत्तेजना उत्पन्न करने वाली नकारात्मक खबरें ही छापता है। उसे चाहिए कि इसमें कुछ परिवर्तन करके सकारात्मक कार्यों और योजनाओं को भी प्रकाशित और प्रचारित करे जिससे इन कार्यों को करने की दिशा में ठोस वातावरण बने और लोग विकास कार्यों की

सार्थकता अनुभव करें। गुमनामी की दुनिया में खोये उन लाखों नर-नारियों को भी प्रकाश में लाना चाहिए जो देश की नियति को बदल रहे हैं या बदलना चाहते हैं।

शिक्षित जन : शिक्षक, डॉक्टर, बैंकर, प्रशासक, इंजीनियर या किसी भी अन्य पेशे से जुड़े व्यक्तियों को चाहिए कि महीने में कुछ दिन अपने चुने हुए किसी भी काम को बेहतर ढंग से ज्यादा तेजी से करने, उच्च गुणवत्ता के साथ करने में लगायें जिससे समाज और व्यक्ति को सुख और बल प्राप्त हो सके।

भारत के प्राकृतिक साधनों और उसकी औद्योगिक-वैज्ञानिक क्षमताओं को देखते हुए हमें निम्नलिखित 13 क्षेत्रों में विशेष ध्यान केन्द्रित करना चाहिए—

1. स्टील
2. टाईटेनियम
3. दुर्लभ मृदाएं
4. एलुमिनियम
5. कम्पोजिट मैटीरियल्स
6. सिरेमिक्स
7. भवन निर्माण के पदार्थ
8. फोटोनिक पदार्थ
9. सुपर कन्डक्टिंग पदार्थ
10. पॉलीमर्स
11. परमाणवीय पदार्थ
12. जैव पदार्थ और उपकरण
13. सरफेस इंजीनियरिंग

अब इन्हें संक्षेप में अलग-अलग लेते हैं :

1. स्टील : भारत के पास कच्ची लौह धातुओं का एक लाख बीस

हजार टन भंडार तथा स्टील निर्माण के अच्छे साधन हैं। सन् 2000 में उत्पादन 17 मैट्रिक टन था जो लगातार बढ़ रहा है। यदि सन् 2011 तक वह 66 मैट्रिक टन हो सके तो भारत इस क्षेत्र में दुनिया के अग्रणी देशों में गिना जाने लगेगा और निर्यात भी कर सकेगा।

हमारे देश के विभिन्न स्टील प्लांटों में 35 ब्लास्ट फर्नेस हैं जिनकी क्षमता लगभग 1.8 करोड़ टन है। कुछ क्षमता छोटे प्लांटों के पास है। कुल मिलाकर यह क्षमता 3 करोड़ टन है। इतनी अधिक क्षमता के बावजूद इसका इस्तेमाल बहुत कम है जो बढ़ाया जाना चाहिए। हमारे देश में स्टील उत्पादन की लागत भी कम है जिसका लाभ उठाया जाना चाहिए।

2. टाइटेनियम : यह एक ऐसी विलक्षण धातु है जिसका उपयोग अन्तरिक्ष, नौसेना, तेल और गैस, वास्तुकला, आभूषण, सजावट इत्यादि के अलावा, अपनी जैव अनुकूलता के कारण, मनुष्य शरीर में रोपण लगाने में भी किया जा सकता है। यह उच्च तापक्रम में भी अपरिवर्तित रहता है और कुछ अन्य क्षमताओं के कारण विशेष प्रौद्योगिकी में प्रयुक्त किया जा सकता है।

यह इल्मेनाइट वर्ग की धातुओं में आता है जिसका 33 प्रतिशत भारत के पास है। अभी इसका उत्पादन 100 टन प्रतिवर्ष के लगभग है जो, यदि इस क्षेत्र में योजना और लगन के साथ काम किया जाए, तो सन् 2020 तक बढ़कर 5,000 टन प्रतिवर्ष तक बढ़ाया जा सकता है। अभी भारत में यह उद्योग सही ढंग से स्थापित नहीं हो सका है। इसके लिए भारत सरकार कार्य कर रही है।

3. दुर्लभ मृदाएँ या मिट्टियाँ : अंग्रेजी में 'रेयर अर्थ्स' कुछ ऐसी विशिष्ट धातुएँ हैं जिनकी सहायता से छोटे टेप रिकार्डर या वॉकमेन, ईयरफोन आदि यन्त्रों का निर्माण किया जा रहा है। यदि भारतीय इंजीनियरिंग इन पर कुछ और भी काम करे तो छोटे आकार की कृषियोग्य मोटरें भी बन सकती हैं और सौर ऊर्जा से चालित पम्पसैट इत्यादि बनाए जा सकते हैं।

इन धातुओं अथवा मिट्टियों का भी भारत में विशाल भंडार है। इनके विकास तथा उपयोग के कार्यों में इंडियन रेयर अर्थ्स लिमिटेड, परमाणु ऊर्जा कांपलैक्स तथा एटामिक मिनरल्स डिवीजन इत्यादि संस्थाएँ लगी हैं।

4. एलुमिनियम : अपने हल्केपन के कारण एलुमिनियम का प्रयोग हवाई जहाज से लेकर घरेलू बर्तनों और विद्युत की संचालक लाइनों इत्यादि में बड़े पैमाने पर किया जाता है। परन्तु इसमें बिजली की खपत बहुत ज्यादा होती है जिसके कारण उसकी लागत भी एकदम बहुत ज्यादा बढ़ जाती है। परन्तु हिंडालको नामक हमारी कंपनी ने इसकी लागत कम करने की दिशा में अच्छा काम किया है। इसका खनिज बाक्साइट है जिसके उत्पादन में भारत का पाँचवाँ स्थान है।

भारत आज 20,000 टन प्लेटों और ट्यूबों तथा 10,000 टन पन्नी कागज तैयार करता है। लेकिन इसके विविध उपयोग हैं और उन सभी दिशाओं में बड़े पैमाने पर काम करने की आवश्यकता है। एलुमिनियम के क्षेत्र में हमने अच्छी प्रगति की है। हम धातु-निर्यात की स्थिति से आगे बढ़कर धातु-निर्माण तक आ पहुँचे हैं। अब हमें इसके उत्पादों के क्षेत्र में काम करना है।

5. कम्पोजिट या मिश्र पदार्थ : इनका महत्व पिछले दिनों काफी बढ़ा है और आगे भी बढ़ता चला जाएगा। इनमें धातुएँ, प्लास्टिक, कार्बन, पॉलीमर्स, फाइबर इत्यादि का मिश्रण करके ऐसे पदार्थ विकसित कर लिए जाते हैं जिनसे निर्मित उत्पाद उपयोग में सरल, अहानिकर और सस्ते होते हैं। उद्योग, विज्ञान, घरेलू इस्तेमाल की वस्तुओं, यहाँ तक कि विकलांगों के लिए बनाए जाने वाली वस्तुओं में भी इनका बहुत उपयोग हो सकता है। डॉ. कलाम ने स्वयं अपनी प्रक्षेपास्त्र परियोजना के लिए मिश्रों से उत्पाद बनाने का प्रयत्न किया था। इसी प्रयोगशाला से उन्होंने विकलांगों के लिए उपकरण बनाए। रेलवे स्लीपर्स के लिए भी विशेष मिश्र बनाए जा सकते हैं और उनसे लकड़ी की इतनी ज्यादा बचत होने लगेगी कि जंगल के जंगल काटे जाने से बचाए जा सकेंगे। आजकल स्लीपर लकड़ी के ही बनाए जाते हैं जो बहुत मजबूत भी होनी चाहिए। वनों की रक्षा करना आज की एक बड़ी आवश्यकता है। कंक्रीट या लोहे के स्लीपर ज्यादा सफल नहीं हो पाए हैं। मिश्रों से बने उत्पाद हल्के भी होंगे और ढोए जाने वाले माल का बोझ कम हो जाएगा। खेलों के सामान अब मिश्रों से बनने लगे हैं और उपयोग के अन्य समान भी इसी प्रकार बनने लगेंगे।

दरअसल विविध प्रकार के मिश्र बनाने की योग्यता औद्योगिक विकास का एक बड़ा सूचक है। इसलिए इस क्षेत्र में बड़ी योजना लेकर कार्य करने की जरूरत है।

6. सिरेमिक्स : सिरेमिक्स या चीनी मिट्टी का उपयोग अभी वाश बेसिन, जमीन पर लगनेवाली टाइलों और चाय के कपों में ही मिलता है। लेकिन अब जहाँ एक ओर उन्नत किस्म के सिरेमिक्स तैयार होने लगे हैं वहाँ कार, हवाई जहाज तथा अन्य इंजीनियरिंग के क्षेत्रों में भी इनका उपयोग बढ़ता जा रहा है। सिरेमिक्स अत्युच्च तापमान पर काम करने के लिए सफल पदार्थ है और वातावरण को भी प्रदूषित नहीं करता। इलेक्ट्रानिक्स में भी अब सिरेमिक्स निर्णायक भूमिका अदा करने लगा है। बहुत ज्यादा छोटे इलेक्ट्रानिक उपकरण अब इन्हीं से बनाए जाने लगे हैं।

लेकिन भारत अभी इस क्षेत्र में पीछे ही है। सन् 2000 में इसका उत्पादन 14,000 करोड़ रुपए का हुआ। इस पर तेजी से काम हो रहा है और शीघ्र ही भारत इसका निर्यात भी करने लगेगा, यह आशा की जा रही है।

7. भवन निर्माण के पदार्थ : पहले मिट्टी और चूना पत्थर का सर्वाधिक प्रयोग होता था, फिर सीमेंट का होने लगा और अब फ्लाई ऐश यानी बिजली केन्द्रों में कोयले को जलाने से जो राख बनती है, उसका प्रयोग बहुत सफलतापूर्वक किया जाने लगा है। इसमें सीमेंट का कम मात्रा में उपयोग किया जाता है। सीमेंट की आवश्यकता तो अभी बनी ही रहेगी लेकिन उसके मूल पदार्थ, चूना पत्थर की कमी होती जा रही है। फ्लाई ऐश से बने पुल, सड़कें और मकान खूब मजबूत रहते हैं और काफी किफायती भी होते हैं।

सीमेंट की खपत सन् 2000 में 9.5 करोड़ टन थी जो बढ़ती चली जाएगी। इसकी पर्याप्त उपलब्धि बनाए रखना आवश्यक है।

8. फोटोनिक पदार्थ : ये इलेक्ट्रॉनिक्स की दुनिया में क्रान्ति कर रहे दिखाई देते हैं। इनके कारण अब आप सूचना-समाचारों को सरलता से यहाँ से वहाँ भेज सकते हैं, बाहर से आए चित्रों के अच्छे मुद्रण प्राप्त कर सकते हैं और कई अन्य प्रकार के कार्य कर सकते हैं। इसमें लेजर और फायबर आप्टिक्स भी आते हैं जो अपने ढंग से जीवन को प्रभावित कर रहे हैं। सूचना प्रौद्योगिकी,

फायबर आप्टिक्स पर आधारित दूरसंचार, चिकित्सकीय प्रयुक्तियाँ, प्रदूषण नियन्त्रण, जीव विज्ञान आदि क्षेत्रों में यह दूरगामी प्रभाव डालेगा।

इस क्षेत्र में बहुत कार्य हो रहा है परंतु उसे तीव्र गति से आगे बढ़ाते रहने की आवश्यकता है।

9. अतिचालक या सुपर कन्डक्टिंग पदार्थ : ये विद्युत के क्षेत्र में बहुत महत्वपूर्ण होते हैं क्योंकि इनके द्वारा प्रवाहित बिजली के प्रयोग में कभी कोई बाधा नहीं आती। हमारे यहाँ सामान्य तारों का प्रयोग होने के कारण बिजली के उपयोग में तरह-तरह की समस्याएँ खड़ी होती रहती हैं जिनका समाधान कठिन होता है। जीवन के सभी क्षेत्रों में बिजली की ऊर्जा के रूप में जरूरत बहुत ज्यादा है जो दिनोंदिन बढ़ती ही जा रही है। इस क्षेत्र में भारत अन्य देशों से बहुत ज्यादा पीछे भी है जिसका निराकरण करना आवश्यक है।

दरअसल सुपर कंडक्टरों की उपयोगिता बिजली के क्षेत्र तक ही सीमित नहीं है, उसका उपयोग उद्योग और चिकित्सा क्षेत्रों में भी बहुत है। अतः इस क्षेत्र में हमें बहुत कार्य करने की जरूरत है।

10. पालिमर्स : यह आधुनिक रसायन का एक अजूबा है जिसका विविध प्रकार से उपयोग किया जाता है। भविष्य में इसका उपयोग बढ़ता ही चला जाएगा क्योंकि यह अविषैला और पर्यावरण का मित्र पदार्थ है। इससे बना कृत्रिम रबर भी असली रबर के उद्योग को प्रभावित करेगा। इस क्षेत्र में नए-नए आविष्कार, जैसे कंडक्टिंग पालिमर, बायो-इलेक्ट्रिक प्रणालियाँ और उपाय दरवाजे पर दस्तक दे रहे हैं। भविष्य में हमें पालिमर के अनेक उत्तेजक व आकर्षक उत्पाद बाजार में दिखाई देंगे।

11. परमाणवीय पदार्थ : इनका उपयोग केवल बमों और ऊर्जा उत्पादन तक ही सीमित नहीं है, इन्होंने अनेक उन्नत तकनीकियों को भी जन्म दिया है। इस क्षेत्र में बहुत काम किया जा रहा है और करते रहना चाहिए। परमाणवीय विद्युत ऊर्जा अभी हमारे देश में काफी कम बन रही है। न्यूक्लियर पावर कारपोरेशन की योजना है कि 2020 तक सत्रह पावर प्लांट लगा दिए जाएँ। इससे 20 हजार मेगावाट तक उसकी क्षमता पहुँच जाएगी। कुछ

और इकाइयाँ भी इस दिशा में कार्य करने लगेंगी।

इस योजना को पूरा करने के लिए परमाणवीय पदार्थों का उत्पादन और शोधन भी बहुत बढ़ाना होगा। जैसे मोनाज़ाइट, जिरकोनियम और यूरेनियम डायआक्साइड का उत्पादन बढ़ाना होगा। रिएक्टर ग्रेड की हाफनियम आक्साइड बनाकर उसे हाफनियम धातु में बदलने का कार्य करना होगा। इन तकनीकियों के कारण जो परिणाम उत्पन्न होंगे वे अनेक उद्योगों का आधार बनेंगे—जैसे जिरकोनियम को यूटीरियम से मिलाकर 'नकली हीरा' बनाया जाता है जिसका बाजार तेजी से बढ़ रहा है।

12. जैव पदार्थ : इनसे कई उपयोगी चिकित्सा उपकरणों को तैयार किया जाने लगा है जैसे हार्टवाल्व, ब्लडबैग, कान के लिए ध्वनिवर्धक इत्यादि। इस क्षेत्र में बहुत कार्य करने की जरूरत है और हमारी शोध संस्थाओं को योजना और लगन से आगे बढ़ना चाहिए। इससे नकली हृदय, अग्नाशय, फेफड़ों और गुर्दों के रोपण तैयार किए जा सकेंगे, दुर्घटनाग्रस्त लोगों की हड्डियों, कूल्हों और टिश्युओं को आरोपित किया जा सकेगा। हमारे लिए चुनौती यह है कि हम इन उत्पादों, युक्तियों और प्रणालियों को इस प्रकार रूप और आकार दें कि वे अधिक से अधिक भारतीयों की पहुँच में आने योग्य बन सकें।

13. सर्फेस या सतह की इंजीनियरिंग : यह पिछले वर्षों में एक ऐसी नई कुशलता के रूप में उभरकर आई है कि उससे अनेक नए कान होने सम्भव हो गए हैं। इस तकनीकी में अत्यन्त बारीक सतह वाले किसी पदार्थ या धातु को दूसरे किसी पदार्थ या धातु के साथ ऐसी रासायनिक प्रक्रिया से गुजारा जाता है कि इस नए पदार्थ या धातु में दोनों के गुण आ जाते हैं—जैसे टैफ्लोन की कड़ाही जिसका अब बहुत से घरों में प्रयोग होने लगा है। इसका अधिक परिष्कृत लेप महत्वपूर्ण पुरजों की घिसाई-पिसाई और मशीनों के चालित भागों को सुरक्षित रखने के लिए प्रयुक्त किया जाता है। कुछ वस्तुओं पर हीरे का लेप भी लगाया जाता है।

इस क्षेत्र में भारत की अनेक संस्थाएँ कार्यरत हैं और औद्योगिक संस्थान भी रुचि ले रहे हैं।

10

उपलब्धियाँ : एक नज़र में

डॉ. अब्दुल कलाम अपने कार्यजीवन में अधिकतर रक्षा मन्त्रालय के अनुसंधान विभाग से जुड़े रहे। डिफेंस रिसर्च एण्ड डेवलपमेंट आर्गेनाईजेशन—यानी डी.आर.डी.ओ.—नामक इस संस्थान में पहले वे एक वैज्ञानिक के रूप में सम्मिलित हुए, बाद में उसके डायरेक्टर और इसके भी बाद डायरेक्टर जनरल बनकर कार्य करते रहे। बीच में कुछ वर्ष अन्तरिक्ष अनुसंधान की प्रख्यात संस्था 'इसरो' में कार्य किया। इसके अधीन अनेक प्रख्यात वैज्ञानिक प्रयोगशालाएँ हैं जो विभिन्न क्षेत्रों में शोध तथा निर्माण के कार्य करती हैं। उनके नेतृत्व गें कार्य करके इन सब प्रयोगशालाओं ने विविध क्षेत्रों में अनेक महत्वपूर्ण उपलब्धियाँ अर्जित कीं जिन्हें एक प्रकार से डॉ. कलाम की ही उपलब्धियाँ माना जा सकता है। यहाँ हम इनमें से कुछ महत्वपूर्ण उपलब्धियों की विस्तृत चर्चा कर रहे हैं—यद्यपि इनका उल्लेख अन्य स्थानों पर भी किया जा चुका है।

होवरक्रैफ्ट

होवरक्रैफ्ट ऐसा विमान होता है जिसे हवा और पानी दोनों में चलाया जा सकता है। डॉ. कलाम के जीवन का पहला महत्वपूर्ण उद्योग एक ऐसे होवरक्रैफ्ट का निर्माण करना था जिसे हवाई पट्टी पर चलाया जा सके। उस समय वे बिल्कुल युवक थे और एयरोनॉटिक्स विकास विभाग की प्रयोगशाला में उन्हें इसका निर्माण करना था। इस परियोजना को 'नन्दी' नाम दिया गया। 40 मिलीमीटर के हवाई कुशन पर 550 कि.ग्रा. वजन

का होवरक्रैफ्ट बनाकर उड़ाना था। वे अपने वैज्ञानिक साधनों के साथ उत्साह से इसे क्रियान्वित करने में जुट गए।

यह 20वीं शताब्दी का छठा दशक था और देश में वैज्ञानिक प्रतिभा का विकास हो रहा था। उनकी टीम के ज्यादातर लोग यही मानते थे कि होवरक्रैफ्ट बना पाना सम्भव ही नहीं है और कल का यह छोकरा इसे किसी भी तरह बना नहीं सकेगा। लेकिन डॉ. कलाम न केवल स्वयं विमान की रूपरेखा बनाने में लग गए बल्कि अपने साथियों को भी प्रोत्साहित करने लगे। काफी परिश्रम के बाद उन्होंने परीक्षण के लिए होवरक्रैफ्ट बना ही लिया। श्री वी.के. कृष्ण मेनन उन दिनों रक्षा मन्त्री थे। उन्हें विमान पर बिठाकर तथा स्वयं ही उसे उड़ाकर डॉ. कलाम ने इस परियोजना के लिए उनका समर्थन भी प्राप्त कर लिया।

श्री मेनन ने इसे पूरा करने की हरी झंडी दे दी परन्तु दुर्भाग्य से तभी उन्हें मन्त्रीपद छोड़ना पड़ा। इसके बाद यह योजना अधर में लटक गई और पूरी न की जा सकी क्योंकि उनके बाद बने रक्षा मन्त्रियों को उसमें कोई रुचि नहीं थी। डॉ. कलाम को इससे बड़ी निराशा हुई परन्तु वे कर भी क्या सकते थे! लेकिन उन्होंने भारत सरकार के वैज्ञानिकों में यह धारणा उत्पन्न करने में सफलता प्राप्त की कि असम्भव अथवा कठिनतापूर्वक सम्भव कार्यों को भी पूरा किया जा सकता है--और वे ही उनका नेतृत्व कर सकते हैं। देश की वैज्ञानिक मानसिकता के लिए यह उनका महत्वपूर्ण योगदान था।

रॉकेट की सहायता से जैट को उड़ाने का यन्त्र–राटो

1970 के आसपास सुखोई-16 जैट विमान को हवा में उड़ाने के लिए करीब दो किलोमीटर जमीन की पटरी पर दौड़ना पड़ता था। डॉ. साराभाई के मन में आया कि राकेट की सहायता से इसे ज्यादा जल्दी हवा में उठाया जा सकता है। इस परियोजना को 'राटो' यानी "राकेट एसिस्टेड टेक ऑफ" नाम दिया गया और इसे विकसित करने का काम उन्होंने डॉ. कलाम को सौंपा। राटो का विकास इसलिए भी जरूरी था क्योंकि अनेक कारणों से

अनेक स्थानों पर जमीन की लम्बी पट्टी उपलब्ध नहीं होती और जहाज को कम से कम दूरी तक चलकर ही हवा में उठ जाने की आवश्यकता होती है। उस समय भारत के पास राकेट भी नहीं थे जिनका रूस से आयात किया गया। डॉ. कलाम ने 1972 के अन्त तक इस यन्त्र का विकास कर लिया और 1 कि.मी. से कुछ ज्यादा दूरी तक जमीन पर विमान चलाकर उसे हवा में उठा देने में सफलता प्राप्त कर ली। इस यन्त्र की कीमत भी पहले से आधी रह गई।

मिश्र पदार्थ

दो तीन पदार्थों को मिलाकर बनाए गए मिश्रों को अंग्रेजी में 'कम्पोजिट' कहते हैं।

लकड़ी, लोहा या अन्य धातुओं से बने यन्त्र इत्यादि वजन में तो भारी होते ही हैं, इनकी शक्ति भी कम होती है और कम दबाव पर भी टूट-फूट का अन्देशा बना रहता है। इसके अलावा बहुत कम अथवा बहुत अधिक तापमानों पर भी इनके काम में खराबी आ जाती है। इसलिए कम्पोजिट बनाने के वैज्ञानिक प्रयोग आरम्भ से किए जाते रहे हैं। डॉ. कलाम ने नए उन्नत कम्पोजिट बनाने के महत्व को आरम्भ में ही समझ लिया था और छठे दशक में 'इसरो' में काम करना आरम्भ करते ही उन्होंने उस पर भी कार्य करना शुरू कर दिया था। अन्तरिक्ष विज्ञान में काम करने के कारण सबसे पहले उन्होंने हवाई जहाजों के यन्त्रों और कलपुर्जों के लिए कम्पोजिट विकसित करने पर ध्यान दिया। इसके लिए उन्होंने तिरुवनन्तपुरम में फाइबर रीइनफोर्स्ड प्लास्टिकस डिवीजन की स्थापना की और प्लास्टिक तथा जूट के रेशों को मिलाकर कम्पोजिट तैयार किए। इनकी सहायता से उन्होंने उच्च तकनीकी दाबयन्त्र बनाए। 1989 में 'इसरो' के लिए उन्होंने पहला यन्त्र बनाया।

उसके बाद सैटेलाईट लांच व्हाईकल के तीसरे और चौथे कक्षों में उपयोग के लिए रॉकेट मोटर के ढकने बनाए जिससे वे न केवल हल्के बल्कि मजबूत भी हो गए। इससे पहले शीशे से बने ढकने इस्तेमाल किए जाते

थे। उस समय देश में इस प्रकार के कम्पोजिट बनाने की व्यवस्था नहीं थी इसलिए डॉ. कलाम ने 'रिप्लेस' अर्थात रीएनफोर्स्ड प्लास्टिक सेंटर के नाम से उन्हें बनाने की फैक्ट्री भी स्थापित की। शीघ्र ही यूरोप के सैटेलाइट संस्थानों ने इनका प्रयोग करना आरम्भ कर दिया।

भारत के लिए यह बिल्कुल नया उद्योग था और बहुत शीघ्र इसमें उन्नति होती चली गई। एक से एक बढ़कर उन्नत कम्पोजिट बनाए गए और सामान्य व्यक्ति के उपयोग की अनेक वस्तुओं में भी उनका प्रयोग किया जाने लगा। डॉ. कलाम ने सरकारी तथा उद्योग जगत की अनेक संस्थाओं को संयुक्त रूप से यह कार्य करने की प्रेरणा दी जिसमें उन्हें बहुत सफलता भी प्राप्त हुई। बंगलौर की सुप्रसिद्ध इंडियन इंस्टीट्यूट ऑफ साइंस तथा सीबा गायगी, बेकलाईट हायलम जैसी विख्यात संस्थाओं ने भी अपना योगदान किया। डॉ. कलाम की एक बड़ी सफलता यह है कि उन्होंने अपनी उपलब्धियों को समाान्य जन के उपयोग के लिए भी इस्तेमाल किया और उद्योग-व्यापार जगत के धुरंधरों को इससे जोड़कर नए निर्माण कराए। इसलिए डॉ. कलाम को 'भारत में कम्पोजिट्स का जनक' भी कहा जाता है।

सैटेलाइट लांच व्हाईकिल

डॉ. कलाम की पहली बड़ी सफलता सैटेलाईट लांच व्हाईकिल के निर्माण की है। अन्तरिक्ष शोध की भारतीय संस्था 'इसरो' के लिए भी यह पहली महत्वपूर्ण परियोजना थी। वे चाहते थे कि इसके निर्माण में भारत आगे बढ़े और अपनी ही तकनीकी से निर्मित लांच व्हाईकिल बनाकर सैटेलाईट को अन्तरिक्ष में फेंके। डॉ. कलाम को इस परियोजना का मुखिया बनाया गया जो सम्मान की बात तो थी ही, एक जबरदस्त चुनौती भी थी। उन्हें न केवल इसकी रूपरेखा तैयार करनी थी बल्कि इसको बनाकर इसके द्वारा सैटेलाईट को अन्तरिक्ष में फेंककर दिखाना भी था। मुख्य कार्य एक ऐसे रॉकेट मोटर का निर्माण करना था जो व्हाईकिल के चारों कक्षों में सफलतापूर्वक काम कर सकता हो। इसके अलावा इस पर निगन्त्रण रखने तथा इच्छानुसार

इसे चलाने के यन्त्र भी विकसित करने थे। इनके अलावा भी और बहुत से छोटे-मोटे काम थे जो सब जटिल थे। कुछ मिलाकर तीन सौ छोटे-बड़े यन्त्रों का निर्माण किया जाना था जिनको मिलाकर पूरा व्हाईल तैयार होता। इसमें सभी प्रकार की धातुओं, चीनी मिट्टी तथा कम्पोजिट्स का इस्तेमाल होना था। बारीक श्रेणी की इंजीनियरिंग की जानकारी आवश्यक थी लेकिन डॉ. कलाम ने अपने सहयोगियों की सहायता से इसका निर्माण किया। इस उपलब्धि के लिए उन्हें 'पदमूभूषण' के राष्ट्रीय सम्मान से सम्मानित किया गया।

इन्टीग्रेटेड गाइडेड मिसाइल

श्री आर. वेंकटरामन जब भारत के रक्षा मन्त्री हुए, तब उन्हें विचार आया कि गाईडेड मिसाइल्स का एक समग्र एकीकृत कार्यक्रम तैयार किया जाए जिससे विविध प्रकार के मिसाइल भारत में ही बनाए जा सकें। अमेरिका आदि विकसित देशों ने इन तकनीकियों पर रोक लगानी शुरू कर दी थी और कई दफा वादा करने के बाद भी वे उनका पालन नहीं करते थे। इसका एक कारण यह भी था कि इन तकनीकियों का दुरुपयोग भी किया जा सकता था। रक्षा मन्त्री ने अपने वैज्ञानिक सलाहकार डॉ. वी.एस. अरुणाचलम से, जो स्वयं प्रख्यात वैज्ञानिक थे, इस विषय पर बात की। वे तैयार तो हो गए परन्तु यह भार किसे सौंपा जाए, इसका निर्णय करना कठिन था। उन्होंने सोच-विचार कर डॉ. अब्दुल कलाम को ही इसका मुखिया बनाया। डॉ. कलाम ने उत्साहपूर्वक यह चुनौती स्वीकार की।

इस परियोजना के अन्तर्गत जिन मिसाइलों का निर्माण किया जाना था वे इस प्रकार हैं : त्रिशूल, पृथ्वी, आकाश, नाग, अग्नि।

ये सब अपनी तरह से अलग-अलग मिसाइल हैं और इनके उपयोग भी भिन्न-भिन्न हैं। इनमें से कई का सफलतापूर्वक निर्माण किया जा चुका है और कुछ पर काम चल रहा है। त्रिशूल योजना के पूर्ण होने में कुछ कठिनाई आ रही है। इनके कारण विदेशों में भारत की प्रतिष्ठा बढ़ी है और सुरक्षा की दृष्टि से भारत मजबूत हुआ है। इन मिसाइलों के निर्माण में अनेक

प्रयोगशालाएँ संयुक्त रूप से कार्यरत रही हैं और एक दर्जन से अधिक विषयों का इनमें योगदान रहा है।

ब्राह्मोस

'ब्राह्मोस' डॉ. कलाम के द्वारा आयोजित एक संयुक्त योजना है जिसमें भारत के साथ रूस मिलकर काम कर रहा है। इसे एक कम्पनी ही कहा जाना चाहिए क्योंकि ये दोनों देशों की वैज्ञानिक क्षमताओं को मिलाकर एक नए ढंग की सुपरसोनिक एंटीशिप क्रूज़ मिसाईल का विकास करने तथा उन्हें बनाकर दुनिया में बेचने का कार्य कर रहे हैं। यह नाम दो शब्दों से मिलकर बना है—भारत की ब्रह्मपुत्र नदी और रूस की मोसक्वा नदी। दोनों के आरम्भिक अक्षर लेकर 'ब्राह्मोस' नाम बनाया गया।

दो सरकारों का यह संयुक्त व्यापारिक उद्योग बिल्कुल नए प्रकार का है। इसे स्वीकृति दिलाने में भी अनेक कठिनाईयाँ सामने आई लेकिन डॉ. कलाम ने इसे पूरा कर दिखाया। इसमें भारतीय विज्ञान संस्थान डी.आर.डी.ओ. का 50.5 प्रतिशत और रूसी संस्थान एन.पी.ओ. मार्शीनोस्त्रोएनिया नामक संस्था का 49.5 प्रतिशत पैसा लगा है। इसकी एक विशेषता यह है कि रूस का पैसा उसे सीधे लगाना नहीं पड़ रहा है बल्कि भारत पर रूसी कर्ज के भुगतान द्वारा उसे चुकाया जा रहा है। भारत में इसका केन्द्रीय कार्यालय है परन्तु मिसाइलों का निर्माण दोनों देशों में किया जाएगा और दोनों देश अपने तकनीकी ज्ञान का इसमें उपयोग कर रहे हैं।

अब इस प्रयोग के अनुकरण पर वैज्ञानिक और व्यापारिक क्षेत्रों में अन्य योजनाएँ भी बनाई जा रही हैं।

ब्राह्मोस ऐसा सुपरसोनिक क्रूज़ मिसाईल होगा जिसका प्रयोग जमीन, समुद्र, समुद्र के भीतर और हवा कहीं से भी किया जा सकेगा। इसे मुख्यतः पानी के जहाजों पर प्रयोग के लिए बनाया जा रहा है। यह लगभग नौ मीटर लम्बा होगा और इसका वजन 3,000 क्रि.ग्रा. होगा। इससे 200 कि.ग्रा. का हथियार फेंका जा सकेगा जो 15 कि.मी. की ऊँचाई पर उड़ता हुआ नीचे उतरकर अपने लक्ष्य पर वार करेगा।

पोखरण परमाणु बम परीक्षण

मई 1998 में श्री अटलबिहारी वाजपेयी के प्रधानमन्त्रित्व काल में पोखरण से 5 परमाणु बमों का विस्फोट डॉ. कलाम की बहुत बड़ी उपलब्धि है। इससे भारत सरकार तथा देश की प्रतिष्ठा बढ़ी और दुनिया के परमाणु क्लब में उसे स्थान प्राप्त हो गया। इस परीक्षण का नाम 'ऑपरेशन शक्ति-1' था और इसके कारण दुनिया की राजनीति में अनेक महत्वपूर्ण परिवर्तन हुए। सम्भवतः इसी सफलता के कारण डॉ. कलाम को कुछ वर्ष पश्चात् भारत का राट्रपति बनने का अवसर भी प्राप्त हुआ।

डॉ. अब्दुल कलाम के नेतृत्व में डी.आर.डी.ओ. की 55 प्रयोगशालाओं ने इलेक्ट्रानिक्स, वैमानिकी, आयुध-निर्माण, जल यांत्रिकी इत्यादि से सम्बन्धित शोध तथा निर्माण के सभी क्षेत्रों में अनेकानेक सफलताएँ अर्जित की हैं परन्तु ये सब विवरण जटिल होने के कारण यहाँ हम उन्हें नहीं बता रहे हैं। हम सामान्य मनुष्य जीवन से सम्बन्धित उनके कुछ योगदानों का वर्णन करके इस चर्चा को समाप्त करेंगे।

न्यूक्लियर औषधियाँ

इंस्टीट्यूट ऑफ न्यूक्लियर मेडिसिन एण्ड एलाइड साइंसेज़ ने कई महत्वपूर्ण दवाएँ बनाई हैं। थॉयराइड रिसर्च सेंटर ने रेडियो आयोडीन की अल्प औषधि उपचार पद्धति विकसित कर इस क्षेत्र में महत्वपूर्ण योगदान किया है। कैंसर किस स्थान पर है और वह कितना प्रबल है, इत्यादि की जानकारी के लिए विशेष यन्त्र बनाया है। मस्तिष्क में फोड़े के मरीजों के लिए संस्थान ने जो उपचार पद्धति विकसित की है, वह सस्ती होने के कारण भारत के लिए बहुत उपयोगी है। हड्डियों के भीतर होने वाले दर्द को कम करने, तथा दांतों की प्लेटें बदलकर नई अच्छी प्लेटें लगाने के काम पूरे कर लिए गए हैं। भारत के ड्रग कंट्रोलर द्वारा इनका परीक्षण कर लिए जाने के बाद इनका दुनिया में उपयोग किया जा सकेगा।

खाद्य की प्रोसेसिंग

सैनिकों को सब प्रकार के ऊँचे-नीचे स्थानों पर युद्ध करना पड़ता है जहाँ उन्हें समुचित खाद्य उपलब्ध कराना अत्यन्त कठिन हो जाता है। इसलिए रक्षा मन्त्रालय ने फूड रिसर्च लैबोरेटरी की स्थापना की है जो विविध प्रकार के भोजनों की शोध तथा उनका निर्माण करती है। फलों, सब्जियों, फलों के रसों तथा दालों इत्यादि के उपयोग की दिशा में उन्होंने जो प्रयोग किए हैं, वे चमत्कार से कम नहीं हैं।

उन्होंने वह तकनीक विकसित कर ली है जिससे फलों को नौ से ज्यादा महीनों तक ताजा बनाए रखा जा सकता है। दालों-सब्जियों को तुरन्त पका लेने की विधियाँ तैयार कर ली गई हैं। अंटार्कटिका के बर्फ महाद्वीप की खोज करने जब भारत से 'तृष्णा' नामक अभियान दल गया तब उनके लिए इस प्रयोगशाला ने कई टन तुरन्त पका दी जाने वाली खाद्य सामग्री उपलब्ध कराई। इसी तरह आंध्र प्रदेश में तूफान के अवसरों पर भी ऐसी बहुत सी खाद्य सामग्री उपलब्ध कराई गयी। नारियल पानी के शौकीन लोगों के लिए प्लास्टिक की थैली में बन्द नारियल पानी शीघ्र ही हर जगह मिलने लगेगा। इसे तीन महीने तक ताजा बनाए रखा जा सकता है।

नई सब्जियाँ और फल

संकर सब्जियों और फलों के क्षेत्र में भी हिमालय पहाड़ पर तैनात सैनिकों के लिए इन प्रयोगशालाओं ने बहुत काम किया है। इन्हें जल्दी और बहुत बड़े परिमाण में उगाया जा सकता है और इनके लिए खास मिट्टी की जरूरत भी नहीं होती। लद्दाख जैसे अति शीतल प्रदेशों में खेती के आश्चर्यजनक ढंग विकसित किए गए हैं। जड़ी-बूटियों को उगाने की दिशा में अनेक कार्य किए गए हैं।

अब तो राष्ट्रपति बनने के पश्चात् डॉ. कलाम ने राष्ट्रपति भवन के विशाल उद्यान में ही जड़ी-बूटियों का एक बगीचा लगवाना आरम्भ कर दिया है।

स्वच्छ जल की उपलब्धि

राजस्थान के बाड़मेर इलाके के 100 गाँवों में पेयजल की प्राप्ति अत्यन्त कठिन है। जोधपुर की डिफेंस लेबोरेटरी ने एक विशेष योजना के अन्तर्गत इस कार्य को बड़ी सफलतापूर्वक पूरा किया है। खारे पानी को मीठा बनाने के 100 से अधिक यन्त्र अनेक स्थानों पर लगवाकर उन्होंने यह कार्य किया है।

पेयजल से सम्बन्धित और भी अनेक योजनाओं पर काम चल रहा है। इनमें समुद्र के खारी पानी को स्वच्छ करके उसे जनता को उपलब्ध कराने की योजना भी है। राष्ट्रपति बनने के पश्चात् डॉ. कलाम ने इस पर जोर देना आरंभ कर दिया है।

11

क्या करें, कैसे करें

'हमने कई इमानदार व्यक्तियों को यह कहते सुना है कि उन्होंने विस्तृत प्रस्ताव सम्बन्धित विभागों या राज्य सरकारों को भेजे थे। प्रस्तावों को अन्तिम स्वीकृति प्राप्त होने में तीन से छह वर्ष तक का समय लग जाता है और अक्सर जब तक स्वीकृति प्राप्त होती है, प्रस्ताव का मुद्दा या विषय पूरी तरह या आंशिक रूप से पुराना या अप्रचलित हो गया होता है।

'यदि हम भारत को विकसित देश के रूप में देखना चाहते हैं तो हमें अक्रियता की इस स्थिति से निपटना होगा। यदि इसके लिए कानूनों और कार्य प्रणाली को भी बदलना पड़े तो उन्हें भी बदल डालना चाहिए।

'मानव विकास के वर्तमान युग में जिस गति से नई प्रौद्योगिकियाँ नए समाधानों को प्रस्तुत करती जा रही हैं, और अवसरों के नए-नए द्वार खुलते जा रहे हैं, वह अपूर्व है। ये अवसर जो हमारे चारों ओर मौजूद हैं, हमारा इन्तजार नहीं करेंगे, दूसरे उन्हें हथियाते चले जाएँगे। हम गँवाए हुए अवसरों और खोए हुए समय की क्षतिपूर्ति भी कर सकते हैं मगर उसके लिए हमें तेजी से नए-नए सबक सीखने होंगे।'

'मैं कुछ मिशनोन्मुखी संस्थानों के अपने अनुभव और उनके उपयोग के बारे में बताता हूँ। सुरक्षा शोध व विकास संस्थान के लेजरों का उपयोग मोतियाबिन्द या ग्लूकोमा की शल्य चिकित्सा में किया जा सकता है। परमाणु ऊर्जा विभाग द्वारा उत्पन्न ऊर्जा का उपयोग मूँगफली के बीजों के विकिरण द्वारा उनकी उत्पादकता में वृद्धि के लिए किया जा सकता है। इसी प्रकार

अन्तरिक्ष शोध संस्थान की प्रक्रिया से मानसून की तिथियों की अचूक भविष्यवाणी की जा सकती है। सैटेलाइट रिमोट सेंसिंग द्वारा प्रस्तुत एक माध्यम द्वारा उन क्षेत्रों का मापन किया जा सकता है जहाँ मच्छर अंडे देते हैं और ऐसे क्षेत्र भी, जहाँ से रोग फैल सकते हैं। ऐसे कुछ सैटेलाइटों की डेटा-सामग्री को दुनिया भर के देशों को बेचकर विदेशी मुद्रा का अर्जन भी किया जा सकता है।

"असम की हमारी एक प्रयोगशाला मलेरिया को रोकने और इसका इलाज करने की विधियों पर शोध कर रही है। इसका उद्देश्य हमारे जवानों को स्वस्थ रखना है। इस प्रयोगशाला ने वहाँ के मलेरियावाहक कीटाणुओं की विशेषताओं को समझकर उन्हें नष्ट करने का जो नायाब तरीका खोज निकाला है, वह उनके अपने डाक्टरी ज्ञान और स्थानीय लोगों के निजी अनुभवों पर आधारित है।"

'उत्तम कोटि की और ऐसी बिजली के, जो सबको उपलब्ध हो, बिना कोई देश अपने को न आधुनिक कह सकता है, न विकसित। कोई भी आधुनिक मशीनरी बिना निरन्तर और अबाधित बिजली व्यवस्था की सप्लाई के नहीं चल सकती। बिजली के बिना आई.टी. की सारी जादुई दुनिया अँधेरे में खो जाएगी। न्यूयार्क या लन्दन या टोक्यो के बारे में यह कल्पना भी नहीं की जा सकती जहाँ बिजली एक दिन या एक हफ्ते के लिए गायब हो। यदि कभी यह हुआ तो इन देशों की सरकारें उसी दिन गिर जाएँगी।

'लेकिन जब हम भारत की बिजली-स्थिति के बारे में बात करते हैं, तो 'निराशाजनक' जैसे शब्द मामूली लगते हैं। लाखों मूल्यवान घंटे बिजली न होने के कारण बेकार चले जाते हैं। इसमें उन लोगों के घंटों का शुमार नहीं है जो बिजली का इस्तेमाल कतई नहीं करते। ऐसे समय में, जब माडलों में आए दिन तब्दीलियाँ हो रही है, हम एक दिन में तीन पारियों तक उनका उपयोग करके उनका लाभ उठाना चाहेंगे—लेकिन यह सम्भव नहीं है। लाभदायक साधनों का कैसा जबरदस्त अपव्यय करवानेवाली व्यवस्था है यह!

'1950 में भारत और चीन दोनों के पास बिजली और उसके उत्पादन की मात्रा लगभग समान थी। लेकिन आज चीन के पास हमसे तीन गुना बिजली उत्पादन क्षमता है, और वह अपनी इस क्षमता में पिछले कई वर्षों से 15,000 मेगावाट प्रतिवर्ष की दर से लगातार वृद्धि करता चला आ रहा है। इधर, हर मामले में हमारी विकास गति 3,500 मेगावाट प्रतिवर्ष ही है।

'ऐसा क्यों है? क्या इसकी वजह आवश्यक पूँजी की कमी है? मेरा मानना है कि इसका मूल कारण यह है कि हमारी सोच संकुचित हो गयी है।'

'हम छोटी-छोटी बातों में, ब्यौरों में उलझे रहते हैं, कुछ ठोस काम करने के बजाय नीतियों, वायदों और लच्छेदार बातें करने के राजनीतिक खेल में लिप्त रहते हैं। और यह खेल सिर्फ राजनीतिज्ञ ही नहीं खेल रहे हैं, नौकरशाह, वैज्ञानिक और उद्योगपति भी खेल रहे हैं।'

'जैसे ही हम अपने सोच को विस्तृत आयाम दे देंगे, और बातें करने के बजाय कड़ी मेहनत करना आरम्भ कर देंगे, हमारी समस्याओं का हल होना शुरू हो जाएगा।

'एक कठोर सत्य यह है कि अपनी 83 हजार मेगावाट उत्पादन-क्षमता होने के बावजूद केवल 35 हजार मेगावाट काम में लाने योग्य बिजली उपभोक्ता तक पहुँच पाती है—वह भी अनेक व्यवधानों और निम्न गुणवत्ता के कई रूपों में।

'हमारी दोषपूर्ण कार्यशैली के कारण हमें 22 प्रतिशत बिजली का नुकसान सहना पड़ता है जबकि विकसित देशों में यह 7 से 8 प्रतिशत से ज्यादा नहीं होता।

'हमें तकनीकी और प्रबंधन दोनों स्तरों पर इन समस्याओं से जूझकर उनके हल तलाशने होंगे।'

'एक दिलचस्प बात यह है कि जब भी भारत तकनीकी के किसी

क्षेत्र में कोई प्रशंसनीय कार्य करता है, तभी विदेशी राष्ट्र यह दावा करना शुरू कर देते हैं कि भारत की वह उपलब्धि कहीं न कहीं, किसी न किसी रूप में, पश्चिम के किसी कारनामे पर आधारित है। जब हमने जुलाई 1980 में अपने पहले उपग्रह यान का प्रक्षेपण किया, और 'रोहिणी' को कक्षा में स्थापित किया, तब भारत ऐसा कर सकने वाले दुनिया के चार देशों में से एक बना। लेकिन इस घटना के एक सप्ताह के अन्दर ही अमेरिका ने यह ऐलान किया कि अब्दुल कलाम ने 'नासा' में कुछ महीने इस कार्य का प्रशिक्षण प्राप्त किया था। पश्चिम के अनेक समाचार पत्रों ने इस बात का समर्थन किया। जर्मनी ने भी यह दावा किया कि वायु-परीक्षण की सुविधा उसने प्रदान की थी, इसलिए अप्रत्यक्ष रूप से इस प्रक्षेपण में उसकी भी भागीदारी है।

'विक्रम साराभाई स्पेस सेंटर के हम सब वैज्ञानिकों को ये समाचार पढ़कर बड़ा मजा आया। हम सब जानते थे कि हमने इस योजना पर मिल-जुलकर कितनी मेहनत की थी, ड्राइंग बोर्ड की शुरुआत से लेकर विकास और प्रक्षेपण के चरण तक। हम जानते थे कि हमारी प्रौद्योगिकी पूर्ण स्वदेशी थी।

'पहले चरण की नियन्त्रण प्रणाली में हमने 'लाजिक सॉफ्टवेयर' का प्रयोग करके आनुपातिक नियन्त्रण दुनिया में पहली बार किया था। योजना के क्रियान्वयन के दौरान भी हमने कई नए प्रयोग किए थे जो तब तक किसी भी देश में नहीं किए गए थे।

'अमेरिका के जिस उपग्रह 'स्काउट' की प्रौद्योगिकी चोरी करने का हम पर आरोप लगाया गया था, उसे अपने पाँचवे प्रयास में सफलता प्राप्त हुई थी। इसके विपरीत हमारे दूसरे, तीसरे और चौथे प्रक्षेपण ही सफल रहे थे। हमारी वे सफलताएँ हमारे राष्ट्र की तकनीकी सामर्थ्य की द्योतक थीं।

'ऐसे आरोपों की पुनरावृत्ति तब भी हुई जब हमने 'पृथ्वी' का अपना एक अलग डिजायन बनाया जिसमें एक खास 'जाइरो' प्रणाली का, जिसमें एक नए साफ्टवेयर का प्रयोग दुनिया में पहली बार किया गया था। इस प्रयोग के द्वारा प्रक्षेपास्त्र की उड़ान के दौरान उसके प्रवाह और प्रगति को

मानीटर किया जा सकता था। इसमें और भी कई नए प्रयोग किए गए थे। जैसे 'थ्रस्ट टरमिनेशन' का नया प्रकार जिसने मल्टीपिल पे-लोड को एक नया स्वरूप प्रदान किया।

'इसी तरह हमने 1989 में 'अग्नि' का सफल प्रक्षेपण किया। अब तक हम उसका तीन बार प्रक्षेपण कर चुके हैं। इसके भी दो दावेदार पैदा हो गए जो इसका श्रेय लेना चाहते थे। जर्मनी ने कहा कि उनकी नियन्त्रण प्रणाली के आधार पर इसका निर्माण हुआ था। इस प्रणाली का प्रयोग वैज्ञानिक परीक्षणों के लिए भारत में अवश्य किया गया था परन्तु 'अग्नि' के लिए हमने बिल्कुल नई विधियाँ अपनाई थीं। 'नासा' ने फिर कहा कि वहाँ रहकर मैंने जो प्रशिक्षण प्राप्त किया, वही 'अग्नि' के निर्माण के लिए मूलतः जिम्मेवार था। अमेरिका के इस सोच पर हँसी आती है कि भारत उन्हीं की तकनीकी का प्रयोग कर सफल हो सकता है।'

'एक मीटिंग में एक बुजुर्ग ने अपनी जापान यात्रा की एक घटना सुनाई। उनके होटल के कमरे में नल का पानी रिस रहा था जिससे उन्हें नींद नहीं आ रही थी। उनकी शिकायत पर दो आदमी आए और आधे घंटे तक नल की मरम्मत करते रहे। फिर उन्होंने पूछा कि क्या वे अब सन्तुष्ट हैं। उनके सन्तोष व्यक्त करने पर उन्होंने असुविधा के लिए खेद व्यक्त किया और कहा कि मैनेजर ने कहा है कि उनसे उस रात का किराया नहीं लिया जाएगा। फिर कहा, "सर, नल के उस हिस्से को देखिए। यह जापानी नहीं है और आयातित है। आगे से हम अपने बनाये हिस्से का ही उपयोग करेंगे।"

'इस घटना से हमें यह सन्देश मिलता है कि जापानी अपने उत्पाद को निरन्तर बेहतर बनाते रहते हैं और उन पर पूरा गर्व भी करते हैं।'

'सरकार को पहला काम यह करना होगा कि वह अपनी उपस्थिति को कम से कम करे और अपनी ही एजेन्सियों को स्वयं कुछ करने का अधिकार दे। वह सार्वजनिक हित के महत्वपूर्ण मुद्दों पर ज्यादा ध्यान दे—जैसे

शिक्षा और स्वास्थ्य। वह समाज के कमजोर वर्गों की हालत में दूरगामी सुधार लाने के उद्देश्य से पारदर्शी कार्यवाहियों पर अमल करे। लेकिन इन कार्यों को संपन्न करने के लिए उसे आवश्यकता होगी विकास कार्यों को द्रुत गति से शुरू करने और उन्हें अंजाम देने की और उसके लिए भारी मात्रा में विदेशी पूँजी ओर निजी क्षेत्र के सहयोग, क्षमता और कार्य-कुशलता की। घरेलू पूँजी का भी निवेश सम्भव है मगर निवेशक को साहसी और आवश्यकतानुसार लीक से हटकर अपने लक्ष्य को प्राप्त करने वाला होना चाहिए। इस सम्बन्ध में सरकार को बहुत ज्यादा नैतिकतावादी रुख नहीं अपनाना चाहिए। पिछली भूलों और गलतियों को भुलाकर उसे उद्धारक की भूमिका निभानी होगी। उसे हमेशा याद रखना होगा कि उसकी सब क्रियाशीलताओं का अन्तिम ध्येय है–भारत को एक विकसित देश की हैसियत दिलाना और एक ऐसे भारत की रचना करना जहाँ सब गरीबी से मुक्त हों।'

'हर सरकारी विभाग को एक ऐसा बड़ा मिशन अपने हाथ में ले लेना चाहिए जिसके साथ अनेक परियोजनाएँ जुड़ी हों। जरूरत पड़ने पर वे अन्य विभागों को भी अपने मिशन के साथ जोड़ सकते हैं। कभी-कभी ऐसा संयोजन ज्यादा प्रभावशाली सिद्ध होता है। हमारा अनुभव है कि यदि प्रशासन-प्रमुख संकल्पवान हो, और यदि चार-पाँच प्रमुख आपस में मिल जाएँ तो वे प्रणाली को काफी लचीला बनाकर तेजी से निर्णय ले सकते हैं।'

12

व्यवस्था को बदलना होगा

'सभी भारतीयों को आवश्यक सुविधाएँ, सरकारी तथा अन्य औपचारिकताओं से जल्दी निपटने तथा रोजमर्रा की अनावश्यक परेशानियों से मुक्त होने का अधिकार है। इसके लिए सबसे महत्वपूर्ण बात यह है कि हमें अपनी घिसीपिटी और पुरानी पड़ चुकी प्रशासनात्मक और कानूनी प्रणालियों से स्वतन्त्र होना होगा। तभी हम प्रत्येक स्तर पर आधुनिक प्रणालियों की योजना कर उन्हें साकार कर सकेंगे।'

' 'बेहतर' का अर्थ सिर्फ गड्ढोंरहित सड़कें बनाना ही नहीं है। जब कोई सामान ट्रक से भेजा जाता है तब बहुत से कीमती घंटे जाँच-पड़ताल करने वाले और सामान का वजन करनेवाले केन्द्रों में बेकार खर्च हो जाते हैं। इन देर करनेवाले घंटों को 'नकारात्मक सेवा' ही माना जाएगा। अक्सर इस देरी का असर वस्तुओं की गुणवत्ता पर भी पड़ता है और कृषि उत्पाद जैसी वस्तुएँ सड़ भी जाती हैं।

'इन केन्द्रों पर बेकार ज़ाया जानेवाला यह वक्त बहुत अधिक मात्रा में बच भी सकता है यदि यहाँ इलेक्ट्रॉनिक वजन मशीन जैसे सहायक यंत्र लगा दिए जाएँ और कम्प्यूटर द्वारा संचालित सिगनल और प्रदर्शकों आदि का उपयोग किया जाए। भारतीयों को ये सब सुविधाएँ प्राप्त करने का अधिकार है।'

'प्राचीन काल में हमारे बन्दरगाह सदा व्यस्त रहा करते थे। अरब,

फ्रांस, यूनान, चीन, पुर्तगाल आदि देशों के व्यापारी यहाँ मसाले, रेशम इत्यादि खरीदने के लिए आया करते थे और भारतीय व्यापारी अपना सामान लेकर यहाँ से बड़े-बड़े जलयानों द्वारा विदेशों की यात्रा किया करते थे।

'लेकिन आज हमारे बन्दरगाह विदेशी बन्दरगाहों का मुकाबला नहीं कर पाते। सिंगापुर जैसा छोटा-सा देश अपने बन्दरगाह द्वारा हमसे कहीं ज्यादा कमाई कर लेता है। विदेशी बन्दरगाहों की अधिकांश क्रियाएँ कम्प्यूटर द्वारा स्वचालित हैं जिनके मुकाबले हमारे बन्दरगाहों की क्रियाशीलता बहुत धीमी है। यदि उसे हमने जल्द ही आधुनिक नहीं बनाया तो हम व्यापारिक देश के रूप में अप्रासंगिक हो जाएँगे।'

'इस पुस्तक को लिखते समय कई बार हमारे संस्थान की बिजली बन्द हुई और कम्प्यूटरों ने काम करना बन्द कर दिया। न्यूक्लियर परीक्षणों के बाद हमसे पूछा गया कि दिल्ली में बिजली का बार-बार जाना कब बन्द होगा। यह समस्या देशव्यापी है और यदि हमें विकसित भारत के अपने सपने को असलियत में बदलना है तो इस स्थिति में तत्काल और आमूल परिवर्तन आना जरूरी है।'

'जमीनी ढाँचों को स्थापित करने में हमने 1980-81 में रु. 6,000 करोड़ का निवेश किया था। 2002 के बाद के वर्षों में यह राशि रु. 75,000 करोड़ तक लगाई जाएगी। इन राशियों की विशालता हमें डरा सकती है लेकिन सच यह है कि इसके पीछे हमारे प्रशासकों की अक्षमताएँ तथा देश को महान देखने के प्रति समर्पित भावना और वचनबद्धता का अभाव भी छिपा है।

'जैसे, इस कार्यक्रम में रेलवे की भागीदारी हमारे जी.डी.पी. का मात्र 0.6 प्रतिशत है और दशकों से यह ऐसा ही चला आ रहा है। इसलिए प्रतिशत को बढ़ाने ही सख्त जरूरत है। पिछले दिनों में रेल दुर्घटनाओं में काफी वृद्धि हुई है क्योंकि न तो रेल लाइनों का विस्तार किया जा रहा है, न नई प्रौद्योगिकियों का प्रयोग किया जा रहा है। अन्य क्षेत्रों के लिए

भी यही बात लागू होती है।

'निवेशकों की शिकायत है कि पूँजी लगाने में तरह-तरह की दिक्कतें दरपेश आती हैं और इसमें उनका वक्त भी काफी ज़ाया होता है। सबसे नीचे के सरकारी स्तर से उच्चतम स्तर तक अधिकारों को नकदी में तब्दील करने के अनेकानेक रास्ते खुले हैं। सरकारी प्रक्रिया को सरल बनाने के साथ-साथ भ्रष्टाचार को दूर करने के लिए एक नया अभियान शुरू किया जाना चाहिए।'

'अनुमानों के अनुसार मौजूदा राजमार्गों के सुधार के लिए करीब 1.5 लाख करोड़ रुपए की आवश्यकता होगी। हम यह सवाल उठाना चाहेंगे कि क्या इतनी विशाल राशि की सचमुच जरूरत होगी? क्या सचमुच किसी इकहरे मार्ग को दुहरा बनाने में 50 लाख रु. प्रति किलोमीटर खर्च आएगा? क्या दुहरे को चारमार्गी बनाने में वाकई 250 लाख रु. प्रति किलोमीटर लागत आएगी? क्या नए एक्सप्रेस मार्गों पर 800 लाख रु. प्रति कि.मी. का अनुमान सही है?

'सभी अनुमानों पर पुनर्विचार करने की जरूरत है। कम कीमत वाले मैटीरियल ज्यादा उपयुक्त साबित होते हैं। उन भागों में जहाँ कोई सड़क नहीं है, कामचलाऊ सड़कों का निर्माण किया जा सकता है। लागत को कम करने के लिए नई खोजें भी की जा सकती हैं।'

'भारत विकसित देश बनने में तभी तेजी ला सकेगा जब उसका जमीनी ढाँचा मजबूत हो। एक बार यह ढाँचा सुदृढ़ हुआ, कि प्रगति का मन्त्र अपने आप काम करने लगेगा और उसी के साथ आर्थिक विकास का क्रम भी आरम्भ हो जाएगा जो अगले पाँच-सात वर्षों में देश को मालामाल कर देगा। इस धन को अन्य सुधार-कार्यों में लगाया जाएगा।

'यदि हमारा जमीनी ढाँचा मजबूत हो जाए तो देश के गरीब लोग उसके आधार पर अपनी बेहतर जिन्दगी के लिए कोई नया रास्ता ढूँढ़ ही लेंगे। जब इन लोगों के हाथ में पैसे होंगे तो ये करोड़ों लोग खुद एक बड़ा

बाजार बन जाएँगे। इन मध्यम वर्ग के भारतीयों में जहाँ कुछ विदेशी वस्तुएँ खरीदना पसन्द करेंगे वहाँ गरीबी रेखा से नीचे के लोग देसी वस्तुओं से भी सन्तुष्ट हो जाएँगे। एक अरब से ज्यादा लोगों वाला यह नया अति विशाल बाजार विश्व के बाजारों को हमारी ओर आकर्षित करेगा।'

'2015 तक भारत के पास एक ऐसा नेटवर्क हो सकता है जो पूरी तरह डिजिटल हो, जो सारे देश को अपनी सेवाएँ दे सके, जो मोबाइल यानी व्यक्तिगत सन्देश सेवा प्रणाली पर विश्वव्यापी तथा व्यापारिक केन्द्रों में आरम्भ से अन्तिम सिरे तक उच्च बैंडविड्थ की सामर्थ्यवान सेवाओं से युक्त हो। घरों में लगे उपस्करों के विविध प्रकार सारे देश में उपलब्ध होंगे और उनका प्रयोग भी किया जाएगा। हम मल्टीमीडिया टर्मिनल्स के रोजमर्रा इस्तेमाल की आशा भी कर सकते हैं। अपनी फरमाइश पर हम वीडियो-टेलीफोन तथा वीडियो-कान्फ्रेंसिंग भी देख सकेंगे। इनकी अनेक प्रयुक्तियाँ शिक्षा, स्वास्थ्य और मनोरंजन के क्षेत्रों में भी उपलब्ध होंगी। यह सब विस्तार हमारे गाँवों में भी फैलता दिखाई देगा।'

'काफी समय से नई वैज्ञानिक उपलब्धियों से ग्रामीण क्षेत्रों को भी लाभ पहुँचा है। फिर भी शहरों की तुलना में वे पीछे ही रहे हैं। उद्योग-व्यापार तथा राजनीति के केन्द्र होने के कारण शहर गाँवों से ज्यादा खुशहाल हैं।

'इस कारण लोगों ने गाँव छोड़कर शहरों में आना शुरू किया। इसे बुरा नहीं कहा जा सकता परन्तु इस कारण शहरों का जीवन अब न रहने योग्य होता जा रहा है। उसके आधे लोग झुग्गी-झोपड़ियों में रहने के लिए बाध्य हैं। या लोग काम करने की जगहों से इतनी दूर रहते हैं कि आने-जाने में ही उनकी शक्ति खर्च हो जाती है और वे थक जाते हैं। इसका क्या उपाय हो सकता है? सर्वेक्षणों से पता चलता है कि एक जमे-जमाए शहर की बढ़ती आबादी के लिए आवश्यक सुविधाएँ दे पाने से कहीं सस्ता है किसी नए शहर को बनाना। नए शहरों का एकदम नया होना भी जरूरी नहीं है। आज बिजली कहीं भी सप्लाई की जा सकती है, सूचना प्रौद्योगिकी

के कारण दुनिया के किसी भी भाग से सम्बन्ध स्थापित किए जा सकते हैं।

'इसलिए गाँवों के ग्रुपों को इस प्रकार सड़कों द्वारा एक दूसरे से जोड़ देना चाहिए कि एक गाँव से दूसरे गाँव आने-जाने में कोई कठिनाई न हो। इससे कई लाभ होंगे। अनेक कृषि-आधारित उद्योगों, सेवा से जुड़े उद्योगों और वहाँ तक कि हायटैक से जुड़े उद्योगों को गाँवों में ही योजना बनाकर स्थापित किया जा सकेगा। उद्योगों को कुछ रियायतें देनी होंगी और कुछ सरकारी दफ्तरों को भी वहाँ ले जाना होगा।

'परन्तु एक बार यह प्रक्रिया आरम्भ हुई कि आर्थिक क्रियाकलाप अपनी फिक्र आप कर लेंगे। इन ग्राम-ग्रुपों का प्रबन्धन स्थानीय लोगों, पंचायतों, व्यापारियों इत्यादि के आपसी परामर्श से होना चाहिए। ऐसे अनेकानेक ग्रुप देश भर में बनने चाहिए।'

'पता नहीं कब और कैसे हम लोगों में यह आदत पड़ गई है कि असली और जमीनी समस्याओं को हल करने में तत्परता दिखाने के स्थान पर उनके बारे में हम टालमटोल करना शुरू कर देते हैं और उनको महत्वहीन मान लेते हैं। जब योजनाओं ओर नीतियों की घोषणा करने के मौके आते हैं तब उनका जोर-शोर से खूब प्रचार किया जाता है—अखबारों, टीवी, रेडियो के माध्यम से। फिर साल भर बाद किसी को कोई परवाह नहीं रहती यह पूछने और जानने की कि उन योजनाओं का क्या हुआ।

'इसके बावजूद ऐसे भी कुछ लोग मौजूद हैं जो ठोस कार्य करने के लिए इन सब विरोधों के बावजूद, अपनी जद्दोजहद में लगे रहते हैं। ऐसे कर्मठ और संकल्पवान लोगों के कारण ही, हमारे द्वारा अनेक बड़े अवसरों को गंवा देने के बावजूद, हमारे देश में थोड़ी-बहुत प्रगति हो रही है।

'क्या देश के मिजाज को हमारे सपने को वास्तविक रूप देने के लिए तैयार किया जा सकता है? इसके जवाब में हम कहना चाहेंगे कि इस समय हमारी जनता के अधिकांश वे स्त्री-पुरुष हैं जो तरुण हैं और जो परिवर्तन के लिए आतुर हैं। अब लायसेंस-परमिट-कोटा राज भी करीब-करीब खत्म

हो चुका है। इस कारण कुछ कर दिखाने के लिए बेकरार युवा शक्ति को आगे आने का मौका मिला है। उदारीकरण से भी उन्हें अनेक अवसर प्राप्त हुए है। हम उन सब परिवर्तनों को देश भर के अधिकांश लोगों के लिए चौमुखी प्रगति करने का सुनहरी अवसर मानते हैं।'

'हमारे देश का सर्वांगीण विकास उद्योग, सरकार और शोध संस्थानों के 'स्वर्ण त्रिकोण' के आधार पर निर्भर है। यह त्रिकोण ही नई तकनीकी पर आधारित उद्योगों, रोजगार, व्यापार को बढ़ावा देकर देश को गतिशील बनायेगा। यह स्वर्ण-त्रिकोण हमारे लिए इसलिए महत्वपूर्ण और निर्णायक है क्योंकि यह हमें दुनिया के बाजारों में प्रतियोगिता करने के अवसर देता है, हमें नई सुविधाएँ प्रदान करता है और देश को और ज्यादा समृद्ध बनाने में भरपूर सहायता देता है।

'आजादी से पहले देश एक मामूली पिन तक का निर्माण नहीं करता था। तब उद्योगों की स्थापना कर श्रेष्ठ उपकरणों, इलेक्ट्रानिक उत्पादों और सुरक्षा साधनों इत्यादि का निर्माण करने की बात एक सपना देखने जैसा लगता था। केन्द्रीय उद्यमों ने भारत को दुनिया के औद्योगिक मानचित्र पर स्थान दिलाने के उद्देश्य से सोवियत रूस, अमेरिका आदि विकसित देशों से तकनीकें खरीदी थीं।

'परन्तु आज अनेक परिष्कृत किस्म के हवाई जहाजों का भारत में निर्माण होता है। हमने अपने हलके लड़ाकू हवाई जहाज का सफल परीक्षण कर लिया है और उद्योग उसका उत्पादन प्रारम्भ कर सकता है। यही बात राडार, विद्युत प्लांटों, पनडुब्बियों, मशीनी पुर्जों इत्यादि के बारे में भी लागू है।

'लेकिन पिछले दो दशकों में इन कम्पनियों की क्षमता में कमी आई है। हम कुछ ऐसे दुष्चक्र में फँस गए हैं जिससे बाहर निकल पाना मुश्किल लग रहा है। इनके मैनेजिंग डायरेक्टर, चेयरमैन इत्यादि महसूस करते हैं कि मन्त्रालय से उन्हें जरूरत से ज्यादा निर्देश प्राप्त होते हैं, और मन्त्रालय के अधिकारी कहते हैं कि वे ऐसे नियमों के दलदल में फँसे हुए हैं जो जवाबदेही

के उद्देश्य से बनाए गए हैं। इधर सत्ताधारी राजनीतिज्ञों की शिकायत है कि कार्यविधि इतनी भारी और अनियंत्रित हो गई है कि वे अपने पाँच वर्ष के कार्यकाल में कोई भी मौलिक परिवर्तन नहीं कर सकते।

'इस दुष्चक्र को समाप्त करने की जरूरत है। हमें अपने उद्योगों को 'रत्नों' में बदलना है। इसके लिए हमें उन्हें काफी अधिकार प्रदान करने होंगे। हमें मौजूदा कार्यविधियों को बदलना होगा। कई कानूनी, प्रशासकीय और वित्तीय कार्यविधियों में भी परिवर्तन करने होंगे।

'प्रबन्धकों ओर यूनियन-नेताओं को मिल-बैठकर इस बात पर विचार करना होगा कि ऐसे लोगों के साथ क्या किया जाए जो न खुद कुछ करते हैं, न दूसरों को करने देते हैं। यदि एक इकाई के दूसरी इकाई के साथ मिलकर काम करने से दोनों को लाभ पहुँचने की सम्भावना हो तो इस भागीदारी को चलाना चाहिए। ऐसी भागीदारी एक लघु उद्योग की दूसरे लघु उद्योग से, एक शोध संस्थान की दूसरे शोध संस्थान से और एक बहुराष्ट्रीय कम्पनी की दूसरी बहुराष्ट्रीय कम्पनी से भी हो सकती हैं।'

'किसी आयातित तकनीकी का इस्तेमाल करते समय हमें इस बात का ध्यान रखना होगा कि हमें उसी से सन्तोष नहीं करना है, उससे आगे भी जाना है। हमें उस तकनीकी में मामूली परिवर्तन करने से भी सन्तोष नहीं करना होगा। हमारा लक्ष्य होना चाहिए विश्वव्यापी व्यापार, इतने बड़े पैमाने पर जिससे ज्यादा से ज्यादा भारतीय लाभ उठा सकें और रोजगार पा सकें। यदि हर विशाल और मध्यम आकार वाली कम्पनी, इस बात की परवाह किए बिना कि दूसरे क्या करते हैं, यह निश्चय कर ले और उस पर अमल करना शुरू कर दे, तो यह भारत की महान सेवा होगी। यह सेवा मुनाफा दिलाने वाली भी होगी।'

13

बच्चों के 'चाचा कलाम'

डॉ. अब्दुल कलाम को देश के इस सर्वोच्च पद पर आसीन हुए एक वर्ष ही हुआ था परन्तु इस अवधि में उनके कार्य का सबसे महत्त्वपूर्ण पक्ष यह रहा कि उन्होंने एक लाख से अधिक बच्चों से सम्पर्क स्थापित कर उन्हें अपना सन्देश दिया। दरअसल राष्ट्रपति बनने से पहले ही उन्होंने यह निश्चय कर लिया था और स्थान-स्थान का भ्रमण करके यह कार्य करना शुरू भी कर दिया था। राष्ट्रपति बनने के बाद तो वे जी-जान से इस कार्य में जुट गए। वे बाहर तो जाते ही थे, राष्ट्रपति भवन में भी उन्हें निमन्त्रित करके उनसे बातचीत करते थे।

बच्चों से मिलना और उन्हें विज्ञान तथा देश-सेवा की दिशा में प्रेरित करना सम्भवतः वर्तमान समय का सबसे महत्वपूर्ण कार्य है। भारत के प्रथम प्रधानमन्त्री श्री नेहरू ने इसकी शुरुआत की थी और इस दिशा में कई उल्लेखनीय कदम भी रखे थे। इस कारण वे अपने जीवन-काल में ही 'चाचा नेहरू' के नाम से विख्यात हो गए थे। अनेक वर्ष पश्चात् ही सही, उनके काम को फिर से उठाकर राष्ट्रपति कलाम ने इस कार्य को पूरा किया।

पिछले दो-तीन दशकों से भारत एक प्रकार से दिशाहीन हो गया है। इससे पूर्व युवाशक्ति के सम्मुख कोई उद्देश्य, कोई कार्य योजना, कोई आन्दोलन हुआ करता था, जो उन्हें मार्ग दिखाने के साथ-साथ उनके जीवन को एक पूर्णता भी प्रदान करता था। महात्मा गाँधी तथा उनके पूर्व युग में भारत की आज़ादी यह उद्देश्य था, जिसके लिए उन्होंने जीवन बलिदान किए तथा अपने उद्देश्य को भी प्राप्त करके दिखाया। आज की भौतिकवादी

'कन्ज्यूमर' कल्चर में, यद्यपि शिक्षा बड़ी तेजी से देश भर में फैल रही है, जीवन का कोई उद्देश्य न होने के कारण वे खाने-पीने नाचने-गाने में ही व्यस्त हो उठे हैं। उनके सामने कोई 'रोल माडेल' नहीं रह गया है। यह माडेल प्रदान करने का काम डॉ. कलाम कर रहे हैं। यह उनका अत्यन्त महत्वपूर्ण योगदान है।

अपनी उड़ीसा यात्रा के समय एक बच्ची ने उनसे पूछा, "आप राष्ट्रपति के रूप में देश के लिए क्या करना चाहते हैं?" उन्होंने स्वतन्त्रता दिवस पर प्रधानमन्त्री द्वारा दिए गए भाषण का हवाला दिया। उनका कहना है, "मैं हर बच्चे के खुशहाल, समृद्ध, शान्तिपूर्ण देश में रहने के मासूम सपने को पूरा करने के लिए काम कर रहा हूँ।"

स्वयं बच्चे क्या करें, इसके लिए भी उनका सन्देश स्पष्ट है। एक बच्चे से उन्होंने कहा : 1. पढ़ाई में अव्वल रहो, 2. किसी दूसरे को पढ़ाओ, 3. पाँच पेड़ लगाओ।

अगर तीस करोड़ बच्चों में से हर बच्चा पाँच पौधे लगाए तो देश कितना हरा-भरा हो जाएगा।

उन्होंने बच्चों के एक ग्रुप से पूछा कि बड़े होकर वे क्या बनना पसन्द करेंगे। एक बच्चे ने जवाब दिया—फैशन डिजायनर। इस उत्तर से आज के बच्चों की सामान्य मानसिकता व्यक्त होती है। लेकिन एक बच्ची ने कहा कि वह नेता बनना चाहती है ताकि समाज से भ्रष्टाचार दूर कर सके। इस उत्तर से बाल मानसिकता का दूसरा पक्ष भी उजागर होता है, कि वे समाज की केन्द्रीय समस्या से परिचित हैं।

स्कूलों के लिए भी डॉ. कलाम का सन्देश दो टूक और स्पष्ट है। वे कहते हैं : "हमारे स्कूलों को देश की प्रयोगशालाएँ बनना चाहिए। 21वीं सदी ज्ञानवृद्धि तथा उसका उपयोग संगठित ढंग से करने की सदी है।"

14

व्यक्तित्व की झलकियाँ

डॉ. अब्दुल कलाम हिन्दी नहीं जानते हालाँकि राष्ट्रपति बनने के बाद उन्होंने हिन्दी सीखने का प्रयत्न किया। जब श्री मुलायमसिंह यादव रक्षा मन्त्री थे तब मन्त्रालय के वैज्ञानिक सलाहकार के रूप में यह समस्या सामने आई।

पहली ही मीटिंग में श्री यादव ने हिन्दी में कहा, कि मुसलमान होने के कारण कलाम साहब को हिन्दी आती होगी। उन्होंने आदेश दिए कि मीटिंग की कार्यवाही हिन्दी में ही की जाए और नोट्स इत्यादि भी हिन्दी में ही पेश किए जाएँ।

परन्तु ऐसा करना सम्भव न था। वे थोड़ी-बहुत हिन्दी समझ तो जरूर लेते थे पर न इस भाषा में बात कर सकते थे और न इमसें लिख ही सकते थे। उनके लिए एक दुभाषिया नियुक्त किया गया। नोट्स हिन्दी में लिखे जाते थे पर उनपर अपनी टिप्पणी वे अंग्रेज़ो में लिखते थे। उन्होंने उर्दू सीखने की कोशिश भी की पर समयाभाव के कारण सीख न सके। इसलिए उन्होंने दस्तखत हिन्दी में करना सीख लिया और अंग्रेज़ी में लिखी टिप्पणियों के अन्त में बड़े-बड़े अक्षरों में उन्होंने अपने दस्तखत करना आरम्भ किया।

यह एक अच्छी शुरुआत थी और मन्त्री जी इससे सन्तुष्ट हुए। वे डॉ. कलाम की बहुत इज़्ज़त करने लगे। मन्त्रालय छोड़ते समय उन्होंने अपने विदाई भाषण में इस बात का उल्लेख किया।

श्री मुलायमसिंह यादव के कार्यकाल में ही डॉ. कलाम को देश के सर्वोच्च सम्मान 'भारत-रत्न' के लिए प्रस्तावित किया गया।

डी.आर.डी.ओ. के अन्तर्गत पचास से अधिक प्रयोगशालाएँ काम करती हैं और अध्यक्ष बनने पर डॉ. कलाम ने हर सोमवार को इनकी बैठक बुलाना आरम्भ किया। ये अपने ढंग की अलग बैठकें थीं और कभी-कभी ये छह-सात घंटे तक लगातार चलती थीं। इनको इस प्रकार आयोजित किया जाता था कि प्रत्येक प्रयोगशाला वर्ष में कम से कम दो बार इनमें भाग ले सके।

सरकारी बैठकों में बड़े अफसरों के ही भाग लेने और सोच-समझकर चतुराई से बात करने का रिवाज है परन्तु इन बैठकों में छोटे-बड़े सभी वैज्ञानिक भाग लेते थे और जो चाहें कह सकते थे। समय पर भी कोई प्रतिबंध नहीं होता था—यदि लम्बा खींचने पर कोई किसी को टोकता तो डॉ. कलाम नाराज़ होते थे।

उनका किसी विषय पर निर्णय लेने का ढंग भी अपना ही था। वे सबसे राय लेते और सर्वानुमति प्राप्त करने का प्रयत्न करते थे। यदि यह सर्वानुमति उन्हें उचित प्रतीत न होती तो वे, 'मैं इस पर विचार करूँगा', कहकर बैठक स्थगित कर देते थे।

बहुत से लोगों को ये बैठकों पसन्द नहीं आती थीं और कुछ समय बाद इनमें बोरियत भी पैदा हो जाती, परन्तु इनका एक बड़ा लाभ यह था कि छोटे-बड़े सभी वैज्ञानिक मन लगाकर अपना कार्य करने लगते और स्वयं को संस्था का एक अभिन्न अंग मानने लगते। इनसे उनके कामों में सफलता भी जल्दी मिलती जो ढीली-ढाली सरकारी संस्थाओं के लिए एक महत्त्वपूर्ण उपलब्धि थी।

राष्ट्रपति बनने के बाद भी उनकी कार्यशैली नहीं बदली। एक वर्ष में उन्होंने प्रायः सम्पूर्ण देश का भ्रमण कर लिया। और जहाँ भी वे गए, शासन के अधिकारियों से लेकर जनता तथा बच्चे सभी को उन्होंने गहराई से प्रभावित तथा प्रेरित किया। उन्होंने कहा था कि देश-भर में घूमने के बाद ही वे किसी अन्य देश की यात्रा करेंगे और इस आदर्श को उन्होंने पूरा भी कर दिखाया है।

वैज्ञानिक अनुसंधान और निर्माण की योजनाओं के लिए अपार धन की आवश्यकता होती है। इनके विशाल बजट को मन्त्रालयों से स्वीकृत कराना बड़ी कठिनाई तथा जद्दोजहद का काम होता है। स्वयं उनके अपने वित्त अधिकारी भी बड़े बजट बनाने के लिए कठिनाई से तैयार होते हैं।

परन्तु यदि किसी परियोजना को डॉ. कलाम आवश्यक समझते हों तो वे सभी स्तरों पर समझा-बुझाकर अपने बजट पास करा लेते थे। आरम्भ में उन्हें कठिनाई होती थी परन्तु बाद में उनकी योजनाएँ आँख बन्द करके स्वीकृत की जाने लगीं। लेकिन पैसे का उपयोग करते समय वे फिजूलखर्ची को किसी भी तरह बर्दाश्त नहीं करते थे और ऐसा करनेवालों पर जबरदस्त अंकुश लगाते थे। वे विदेशों से तकनीकियाँ खरीदने के भी बहुत विरुद्ध थे जिसका एक कारण यह भी था कि वे बहुत ज्यादा मँहगी पड़ती थीं। उन्हीं को अपने देश में विकसित कर लेने पर वे न केवल बहुत सस्ती हो जाती थीं बल्कि इन्हें विदेशों में बेचकर पैसे की कमाई भी की जा सकती थी।

पहले से चल रही बहुत सारी परियोजनाएँ असफल भी हो जाती थीं। इन्हें बन्द कर देने से भी उन्होंने कभी गुरेज़ नहीं किया और एक बार उनके वित्त अधिकारी ने बिना उनसे पूछे ऐसी 300 योजनाओं को बन्द कर दिया तो वे बहुत प्रसन्न हुए। वित्त अधिकारी तो डर ही रहा था कि इस पर उसे जबरदस्त झाड़ पड़ेगी परन्तु ऐसा कुछ भी न हुआ। उल्टे, उन्होंने अधिकारी से इन विषयों पर और ज्यादा सलाह-मशविरा करना आरम्भ कर दिया।

योजनाओं को बजट बनाने में उदारता परन्तु खर्च में मितव्ययिता उनके चरित्र का महत्वपूर्ण अंग रहा है।

डॉ. अब्दुल कलाम की दैनिक चर्या बहुत सादा और सन्तुलित है। वे काफी सवेरे उठते हैं और खुली हवा में घूमने के लिए निकल जाते हैं। लौटकर वे प्रार्थना और योगाभ्यास करते हैं। फिर सिर में तेल लगाकर स्नान करते हैं। इसके बाद नाश्ता करके काम पर बैठ जाते हैं।

उनका भोजन सादा तथा शुद्ध होता है। शाकाहारी और दक्षिण भारतीय खाना ही उन्हें पसन्द है। उन्हें मिठाई भी पसन्द है—प्रधानमंत्री की तरह।

रात को सोने से पहले एक गिलास दूध भी उनकी चर्या का आवश्यक अंग है।

डॉ. अब्दुल कलाम पुस्तकों के भी बड़े शौकीन हैं। उनके विशाल पुस्तकालय में हर विषय की नई से नई किताब आपको मिल जाएगी। यही नहीं, वे सब पढ़ी हुई होंगी और उन पर जगह-जगह निशान लगे तथा नोट्स लिखे हुए मिलेंगे।

सभी धर्मों में उनकी रूचि तो विख्यात है। वे दरगाह, मन्दिर, गिरजा सभी में बड़ी श्रद्धा से सिर झुकाते दिखाई देंगे। कुरान शरीफ, पवित्र बाइबिल तथा श्रीमद्भगवद्गीता तीनों के पठन-पाठन में उनका काफी समय व्यतीत होता है। आश्चर्य नहीं कि उन्हें सन् 1997 में परम श्रद्धेय 'कांची परमाचार्य सम्मान' से अलंकृत किया गया—निश्चय ही यह किसी मुसलमान को दिया जानेवाला भारत का अकेला धार्मिक सम्मान है। इससे डॉ. कलाम की प्रतिष्ठा कई गुना बढ़ जाती है।

एक बार अपनी एक विदेश यात्रा में डॉ. अब्दुल कलाम एक उच्च परन्तु अधीनस्थ अधिकारी के साथ भारतीय राजदूत द्वारा दिए गए रात्रिभोज में भाग ले रहे थे। राजदूत महोदय अपने सम्मान्य अतिथियों के साथ बड़े जोश-खरोश से बात कर रहे थे जिसे हुड़दंग भी कहा जा सकता था।

उन्होंने अपने साथी से पूछा, "ये लोग ऐसा क्या पी रहे हैं जो सामान्य शिष्टाचार भी भूल गए हैं?"

साथी ने कहा, "मेरा ख्याल है ये वोडका में सन्तरे का शर्बत मिलाकर पी रहे हैं जिसे काकटेल के रूप में 'स्क्रू-ड्रायवर' कहा जाता है।"

दो वर्ष बाद इस अधिकारी को एक बड़ी पार्टी में शामिल होने का निमन्त्रण मिला। उन्होंने अपने प्रमुख डॉ. कलाम से पूछ लेना उचित समझा।

डॉ. कलाम ने प्रश्न किया, "क्या इस पार्टी में जाना जरूरी है?"

उत्तर में 'हाँ' सुनने के बाद वे हँसकर बोले, "ठीक है, जरूर जाओ, पर 'स्क्रू-ड्रायवर' तकनीकी में ज्यादा हिस्सा मत लेना।"

15

राष्ट्रपति बनने के बाद

देश के सर्वोच्च राष्ट्रपति पद पर आसीन होने के बाद डॉ. कलाम ने सम्पूर्ण देश का मन जीत लिया। उनके चुनाव के समय आशंका व्यक्त की गई थी कि इन्हें तो राजनीति का ज्ञान ही नहीं है, ये कैसे सफल होंगे। बड़े-बड़े धुरंधरों ने यह बात कही थी। परन्तु अब यह आशंका न केवल गलत सिद्ध हो चुकी है बल्कि माना जाने लगा है कि वे राष्ट्रपति के कार्य को अनेक नए आयाम देने में भी सफल रहे।

राष्ट्रपति कलाम देश में जहाँ भी जाते, इतनी भीड़ आकर्षित करते कि आश्चर्य होता है। लोग घंटों सख्त गर्मी में उनकी प्रतीक्षा करते और कारों की लम्बी कतारों के बाद जब वे अपनी कार से उतरकर उनसे हाथ मिलाते और बातचीत करते तब तो उत्साह का मानो तूफान-सा उमड़ पड़ता। वे सुरक्षाकर्मियों की भी परवाह नहीं करते और हँस-हँसकर सबसे बातचीत करते। कई बार तो भीड़ पर नियन्त्रण करना इतना कठिन हो जाता है कि प्रबंधकों को सब नियम तोड़कर स्वयं ही उन्हें गाँव भर में घुमाना पड़ता है। राजनेताओं के लिए भी ऐसी भीड़ नहीं उमड़ती।

डॉ. कलाम के तौर-तरीके उनके अपने हैं जिनमें परिवर्तन के लिए वे तैयार नहीं हैं। उन्होंने न अपने लम्बे बाल कटवाए, न अपना दर्ज़ी बदला। आडंबर उन्हें बर्दाश्त नहीं है। राष्ट्रीय नेताओं की समाधि पर जाते हुए वे किसी कर्मचारी को अपने जूते नहीं उतारने देते और गाड़ी में ही जूते छोड़कर नंगे पैर चले जाते हैं। कर्नाटक के एक स्कूल में उन्होंने कतारों में बैठे बच्चों

के दोपहर के खाने के समय उन्हें दही-भात स्वयं परोसा। 'योर एक्सीलेन्सी' जैसे सम्बोधन उन्हें बिल्कुल पसन्द नहीं है। दीक्षांत समारोह में वे छात्रों को सामने की सीटों पर बिठाना पसन्द करते हैं, नहीं तो विशिष्ट अतिथियों को छोड़कर वे सीधे उनसे बात करने पीछे चले जाते हैं।

डॉ. कलाम सभी प्रकार के लोगों से मिलते। सामाजिक विषयों पर चर्चा करने के लिए वे पत्रकारों को बुलाते, साथ ही स्कूली बच्चे, अध्यापक, वैज्ञानिक, विकलांग, विकास कार्यकर्ता, डॉक्टर, किसान, इंजीनियर इत्यादि को भी बात करने के लिए बुलाते। राष्ट्रपति भवन की उनकी दिनचर्या भी बड़ी सुयोजित और तेज़ होती थी। वे रोज़ 18 घंटे काम करते थे और 8-10 मुलाकातें करते थे। वे रोज़ ई-मेल से आए सैकड़ों पत्रों का जवाब देते, अपने ऑटोग्राफ कार्ड भेजते जिनपर एक छोटी-सी कविता और उनका फोटो होता। वे हर अवसर के लिए कविता लिखते हैं। वीणा भी बजाते हैं।

राष्ट्रपति भवन को भी उन्होंने नए ढंग से संगठित किया। टूटे-फूटे स्थलों की मरम्मत करवाई, जीर्ण हुई पेंटिंगों को ठीक कराया, नई पेंटिंग बनवाकर लगवाईं। सुप्रसिद्ध मुगल गार्डेन के एक हिस्से में औषधि बनाने वाले पौधों को विशेष रूप से लगवाया। यहाँ नई औषधियों पर अनुसंधान भी किया जाएगा। वे खुद तो वड़ा-रसम का नाश्ता करते हैं पर अतिथियों के लिए चुन-चुनकर विशेष पकवान बनवाते।

उन्होंने रमजान के महीने में होनेवाली इफ्तार पार्टी रद्द कर दी और पैसा अनाथालयों को दे दिया। सरकारी कार्यों पर भी उनकी पैनी निगाह रहती है और वे अक्सर बिना जाँच किए हस्ताक्षर करने से इनकार कर देते हैं। वे किसी संस्था के निमन्त्रण पर वहाँ जाते हैं तो पहले उनसे कुछ ऐसे वादे करा लेते हैं जो संस्था के लिए लाभकर हों—जैसे जब सामाजिक न्याय मन्त्री सत्यनारायण जटिया उन्हें अंबेडकर जयन्ती के लिए निमंत्रित

करने आए तो उन्होंने कहा कि वे इस शर्त पर आएँगे कि मन्त्री तीन योजनाएँ घोषित करें—अनुसूचित जातियों के छात्रों को पब्लिक स्कूलों में दाखिले के लिए आर्थिक सहायता, छात्रवृत्ति और आवास की सुविधा। —मन्त्रीजी को उनकी शर्ते माननी पड़ीं।

इन सब बातों के कारण राष्ट्रपति भवन के कर्मचारी भी उनसे बहुत प्रभावित हुए और आगे बढ़कर उनके कामों में सहायता करते रहे। कुछ ने तो कविता लिखना भी शुरू कर दिया था।

राष्ट्रपति के रूप में डॉ. कलाम प्रत्येक धर्म के पूजास्थलों में निस्संकोच जाते थे और विधिपूर्वक प्रार्थना इत्यादि में भाग लेते थे। धर्मतः मुसलमान होने के कारण यह भी एक महत्त्वपूर्ण बात है और हिन्दू-मुसलिम टकराव के वर्तमान दुष्काल में इससे राष्ट्रीय एकता को बल मिलता है।